1. Auflage 2021

Rezepte und Text – Güldane Altekrüger
Fotos – Danailama
Grafiken – Canva Pro
Gestaltung und Satz – Güldane Altekrüger

Quellen für die Nährwerte:
www.fettrechner.de, www.ernaehrung.de, bmi-rechner.net
Ermittlung der Broteinheiten (BE): Kohlenhydrate je Zutat in g /12
Keine BE für Zuckerersatzstoffe und bestimmte Gemüsesorten.
Quelle: www.diabetesde.org

Die Angaben der Nährwerte und Broteinheiten sind ohne Gewähr. Lass dich bei Bedarf von Fachleuten (Ärzt:innen, Diätassistent:innen) beraten.

ISBN 978-3-9821017-7-4



Dieses Buch wurde in Deutschland gedruckt.

DplusA Verlag
Ludwigstr. 10
20357 Hamburg
DplusA-Verlag.de

# Diesmal klappt's!

## Mein Wegweiser für eine gesunde Ernährung
aus der Reihe

„Abnehmen mit Brot & Kuchen"

# Inhaltsverzeichnis

# Inhaltsverzeichnis

## Brot & Brötchen



## Kuchen & Kekse



## Pizza & Co.



## Knabbereien & Naschen

Wölkchenbäckerin

# Vorwort

Liebe Leser:innen,

ganz oft werde ich gefragt, wie ich zu meinen Rezepten gekommen bin, was ich esse und worauf ich achte. Ich bin keine Ernährungsmedizinerin, aber das muss man auch nicht sein, um ein gutes Bauchgefühl für eine ausgewogene und gesunde Ernährung zu entwickeln. Denn hier liegt oft das Problem für Gewichtsstörungen, aber auch körperliche Krankheiten: Wir haben ein natürliches Verhältnis zu unseren Nahrungsmitteln schlichtweg verlernt oder erst gar nicht erlernt.

Mit der gesunden mediterranen Küche bin ich zwar aufgewachsen, aber Zucker, Fett und Weißmehl gab es bei uns zuhauf. Wie aber kann man seine Ernährung nach Jahren der Gewohnheit und liebgewonnenen Schwächen ändern? Und das auch noch dauerhaft? Indem man die meisten beibehält und nur an wenigen Stellschrauben dreht. Abnehmen steht dabei nicht im Fokus, sondern das Erlernen und Praktizieren einer gesunden Ernährung – das Abnehmen passiert dann meist von allein. Wir sollten wissen, dass jeder Bissen, den wir zu uns nehmen, seine Spuren hinterlässt. Sowohl die Nährstoffe als auch die Giftstoffe und das Übermaß werden von unserem Organismus aufgenommen und verarbeitet. Mit wirklich einfachen und wenigen Schritten können wir das verbessern.

Für Wohlbefinden und Gesundheit sind – neben einer ausgewogenen Ernährung – Bewegung im Alltag und mentale Ausgeglichenheit genauso wichtig. Nicht jeden Tag haben wir Zeit und Motivation, uns unserem Körper zu widmen. Mit meinem Wegweiser möchte ich euch mein Wissen, Tipps und auch eine Anleitung mitgeben, damit es diesmal klappt mit der Ernährungsumstellung.

Und natürlich sind auch viele neue Rezepte für gesundes Brot, leckere Kuchen und „sündige" Beilagen dabei.

Viel Spaß beim Lesen, Backen und Ausprobieren!

Herzlichst

Dana
Güldane Altekrüger

# Zeit für Veränderung!

Ich kenne nur wenige Menschen, die mit ihrer Figur wirklich zufrieden sind. Die meisten kämpfen mit ihren Kilos und wünschen sich, sie dauerhaft loszuwerden.
Solange es sich nur um ein paar wenige handelt, genügt es meist, einfach ein paar Tage auf süße Getränke zu verzichten und den ein oder anderen Gemüse- oder Obsttag einzulegen.
In meinem Fall waren es jedoch 25 Kilogramm, die ich über die Jahre der Schwangerschaften zugelegt hatte. Jeder Blick in den Spiegel machte mich unglücklich, Fotos von früher und heute wollte ich schon gar nicht mehr ansehen.
25 Kilo mit sich rumzuschleppen macht schneller schlapp, drückt auf die Knochen und tat mir einfach nicht gut. Außerdem stellte ich mir immer die Frage, ob es dabei bleiben oder ob ich sogar weiter zunehmen würde. Es musste sich etwas ändern! Ich musste etwas ändern!

## Was mache ich falsch?

Gefühlt ernährte ich mich doch gesund! Es konnte doch nicht an der Pizza einmal die Woche liegen oder an der Schokolode, die ich mir abends mal gönnte. Zum Frühstück der gesunde Fruchtsaft und ein leckeres Brötchen, mittags schnell Nudeln mit Tomatensauce und abends ein paar Häppchen mal kalt, mal warm. Davon wird man dick?
Leider ja, denn wenn wir uns unsere alltäglichen Lebensmittel näher ansehen, dann sind wir nahezu überall großen Kalorienfallen ausgesetzt. Weißmehl, Zucker und falsche Fette gepaart mit ein paar wenigen Geschmacks- und Farbstoffen haben wir bei genauerer Betrachtung häufig auf dem Teller.
Ich hatte wirklich schon viele Diäten ausprobiert, aber ein langfristiger Erfolg wollte sich nicht einstellen. Woran lag das? Bei mir ganz klar am Gefühl des Entzugs oder Verzichts – vor allem bei Brot und Kuchen.
Waren die drei kargen Wochen der Diät vorbei, dann durfte ich mir mein altes Leben wieder gönnen, und damit kamen auch meine Kilos wieder zurück. Ich musste etwas grundlegend verändern, meine Ernährung umstellen, aber so, dass es sich nicht wie eine Dauerbestrafung anfühlte.

# Ernährungsumstellung – was heißt das?

Es macht keinen Unterschied, zu welcher Ernährungsumstellung wir uns entschließen, der Körper benötigt viel Zeit, um sich daran zu gewöhnen – sogar bis zu drei Jahre!
Schnelle Diäten sind daher selten Erfolg versprechend. Besser ist es, die Umstellung langsam und ohne das Gefühl des Verzichts einzuleiten. Gewohnheiten wie Essenszeiten, Vorlieben wie das Naschen am Abend sollten beibehalten werden. Auch sollte man nicht zu streng zu sich sein: Jedes strikte Verbot erhöht das Risiko des Scheiterns!

Unser Essverhalten wird zu 80 % von emotionalen und unterbewussten Vorgängen gesteuert, sagt die Neurowissenschaft. Die Verknüpfung von Essen und Emotion beginnt schon mit dem Stillen durch die Mutter. Als Baby werden wir dadurch nicht nur satt, sondern erfahren auch Liebe und Zuwendung. So tröstet uns ein Eisbecher oder die Schokolade bei emotionalem Stress und Kummer im Erwachsenenalter.

Achtsam sein, wissen welche Lebensmittel meinem Körper guttun, nährstoff- und abwechslungsreich essen ohne Übermaß, auf das Bauchgefühl im wahrsten Sinne des Wortes hören – das ist eine gesunde Ernährungsumstellung.

# Ursachenforschung

Bevor ich mich an die Fakten der Ernährung und der Verstoffwechslung gemacht habe, wollte ich wissen, warum ich eigentlich eine ungesunde Lebensweise entwickelt hatte. Ich stellte mir folgende Fragen:

**Seit wann?**

Gewichtsschwankungen hatte ich nach dem Tod meiner Schwester, aber richtig übergewichtig wurde ich in meinen aufeinanderfolgenden Schwangerschaften.

**Wieso?**

Das Essen hat mich getröstet, als es mir nach dem Schicksalsschlag oftmals mental nicht gutging. Später während der Schwangerschaften aß ich einfach viel und bewegte mich wenig.

**Kann ich es alleine schaffen?**

Hört sich einfacher an als es ist. Kann ich es mit meiner Familie vereinbaren? Isst sie mit? Ist meine Entscheidung im Alltag umsetzbar? Ja, mit passenden Rezepten und Engagement geht das!

Platz für deine Antworten

# Mögliche Gründe

**Stress und Sorgen**
Wie schon zuvor beschrieben, funktioniert unsere Psyche überwiegend über ein Belohnungsprinzip. Essen macht dabei nicht nur satt, sondern suggeriert uns bereits im Säuglingsalter den Zusammenhang von Nahrungsaufnahme, Geborgenheit und Liebe.
Kein Wunder, dass wir vor allem in stressigen Situationen nach einem schnellen Snack greifen.

**Falsch Erlerntes aus dem Elternhaus**
Manchmal haben es unsere Eltern gut mit uns gemeint. Vielleicht aber wussten sie es nicht besser. Den Teller leer essen, keine Kontrolle über Süßigkeiten und Limonaden haben, fettiges Essen und wenig Bewegung im Kindesalter prägen ungemein. Das Erlernte ist dann schwierig abzulegen.

**Krankheitsbedingt/hormonelle Veränderung/Medikamente**
Hormonelle Veränderung in den Wechseljahren oder auch Schilddrüsenunterfunktion können den Stoffwechsel verlangsamen; beides führt ziemlich rasch zur Gewichtszunahme. Auch können einige Medikamente Gewichtsschwankungen verursachen.

**Schlaflosigkeit**
Schlafmangel beeinflusst unseren Hormonhaushalt. Wir bekommen Hunger auf zucker- und fetthaltige Lebensmittel, aber das befriedigende Gefühl einer Sättigung stellt sich nicht ein. Eine längere Phase mit Schlafmangel kann zu Gewichtszunahme führen. Leider hatte ich in den letzten drei Jahren arbeitsbedingt häufig Schlafmangel, weshalb ich mein Gewicht nicht halten konnte.

**Mangelnde Bewegung**
Haben wir zu viele Kalorien durch Zucker und Fette zu uns genommen, können wir sie mit körperlicher Betätigung wieder verbrennen. Der Stoffwechsel muss angekurbelt werden. Der Körper funktioniert wie ein Ofen: Um die „Briketts“ vollständig zu verbrennen, braucht er ausreichend Feuer.

**Innere Ausgeglichenheit**
Nicht immer im Leben haben wir gute Phasen. Diese können mal hormonell, mal durch die Arbeit oder auch durch Lebensumstände variieren. Körper und Geist hängen sehr eng miteinander zusammen. Schlechte Phasen, gar Depressionen, können unser Essverhalten stark beeinflussen.

# Der Schweinehund

Die meisten von uns haben schon einige Erfahrungen beim Versuch, den Lebensstil zu ändern, gesammelt. Aber wer schafft ihn wirklich? Wir suchen immer gerne nach Gründen, warum wir etwas nicht umsetzen können, und darüber verlieren wir die Chancen aus den Augen.

Auf meinem Weg zum Ziel habe ich ihn sehr oft getroffen, meinen inneren Schweinehund. Immer, wenn ich an mir zweifelte, stand er auf der Matte. Ich suchte also nach Tricks, wie ich diesen unliebsamen Gesellen überlisten konnte.

## 1. Warum?

Führe deine kleine Warum-Liste. Es gab und gibt sicherlich viele Gründe für deine Veränderung. Mache doch ein Foto von dir, sei ehrlich, aber nicht streng mit dir. Du bist schön. Deine Entschlossenheit wirkt positiv auf dich. Du verlierst nicht nur ein paar Kilos, sondern deine Gesundheit und Fitness werden sich kontinuierlich verbessern.
Schreib auf, warum du neu startest und woran du immer wieder scheiterst. Jedes Mal, wenn dein Schweinehund laut wird, erinnere dich an dein Warum.

## 2. Was ist dein Ziel?

Setze dir selber ein realistisches Ziel. Niemand nimmt in einer Woche 10 Kilo ab und wenn, dann ist das nicht gesund, also nimm dir das auch nicht vor. Eine Ernährungsumstellung ist keine Crash-Diät. Sie ist im Grunde eine großartige Belohnung für deinen Körper. Zu Beginn wirst du abnehmen. Das ist ganz normal. Wenn du zusätzlich Sport treibst, werden deine Muskeln wachsen. Daher geht die Gewichtsreduktion langsamer voran.

# Der Schweinehund

## 3. Bestärke dein Ziel positiv

Ohne die Freude auf eine Belohnung, würden wir Menschen tatsächlich nur essen, schlafen, arbeiten und natürlich uns fortpflanzen.
Also sollten wir unser Belohnungssystem aktivieren: Ein leckeres Essen beim Italiener, ein schönes Kleid, aber auch Sport oder das Lächeln des eigenen Babys. So wiederholen wir bestimmte Vorgänge immer wieder gern. Es tut uns gut. Es ist ein Mechanismus zur Selbsterhaltung, der motiviert.
Mache dir also bewusst, dass deine neue Ernährung eine Belohnung ist, die ausgewählten Zutaten gesund, nachhaltig, biologisch und besonders lecker sind. Belohne dich selbst! Stelle dir vor, wie es dir dein Körper dankt.

## 4. Klare Planung

Unsicherheit ist die Chance für deinen inneren Schweinehund. Plane deinen Weg, suche dir realistische Ziele und belohne dich zwischendurch. Achte dabei nicht auf die Zeit. Ab Seite 33 findest du meinen Ernährungsplan für den einfachen Einstieg. Lese bitte die Informationen vorab, bevor du startest.

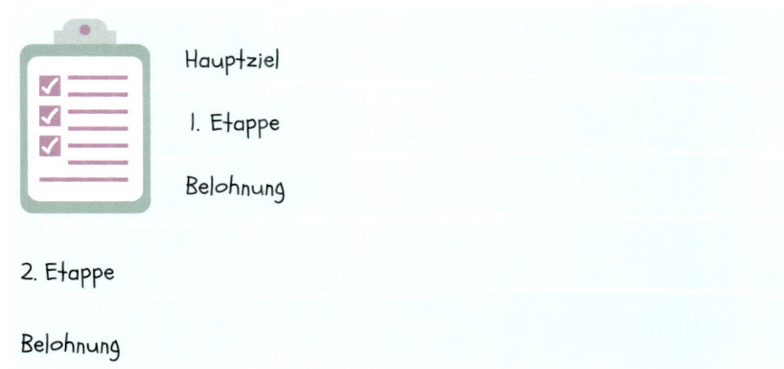


## 5. Achtsamkeit

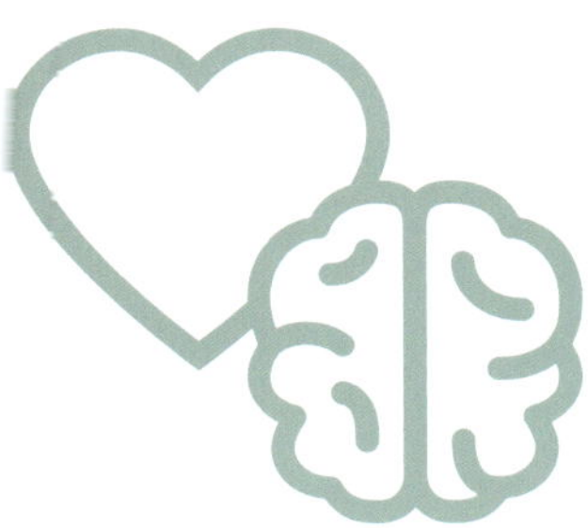

Achtsamkeit und Selbstliebe, die Begriffe sind zur Zeit in aller Munde. Was hat es damit eigentlich auf sich und wie kannst du es nutzen?
Wer achtsam ist lebt im Moment. Sinneseindrücke und Emotionen werden wahrgenommen, ohne sie zu kategorisieren. Die Zeit, um über den Moment nachzudenken ist da, bevor man reagiert. Das ermöglicht uns, erlernte Verhaltensmuster zu überwinden.
Achtsamkeit kann man lernen. Sie hilft dir, Entscheidungen für dich bewusster zu treffen und ist ein wunderbares Mittel gegen den Schweinehund.

# Alles was ich esse, hinterlässt Spuren!

Im Laufe unseres Lebens stellen wir unserem Körper über 30 Tonnen Lebensmittel zur Verfügung. Diese enorme Menge verdeutlicht, wie groß der Einfluss von einseitiger oder falscher Ernährung auf unseren Körper sein muss. Oftmals nehmen wir den schleichenden Prozess der körperlichen Veränderung gar nicht wahr. Bis plötzlich die Hose zwickt oder – schlimmer gar – die Blutwerte Alarm schlagen. Wie konnte es dazu kommen?

Dass Pommes und Currywurst nicht gerade unsere Gesundheit fördern, wissen wir. Aber was genau ist es denn noch?

**Zucker.** Vor allem Einfachzucker. Das ist nicht nur der Zucker in den Süßigkeiten, sondern auch in Brot, Aufschnitt, Alkohol und Cerealien.

**Fett.** Dazu zählen neben der Butter auf dem Brot auch die Fette zum Frittieren, Anbraten und auch zu den Salaten. Auch gute Fette im Übermaß sind nicht gesund.

Viele **Weizenprodukte** wie Nudeln, Brot und Kuchen sind aus Weißmehl, das unseren Blutzuckerspiegel schnell steigen lässt.

Die Kinder essen nur die halbe Portion, das Teilchen vom Bäcker wurde nur angeknabbert, der Joghurt steht noch halbvoll auf dem Tisch? Bevor wir die Lebensmittel in den Müll schmeißen, essen wir sie schnell auf. Diese **Zusatzkalorien** sind völlig unnötig.

Unsere Lebensweise und Ernährung können Stoffwechsel- und Immunkrankheiten fördern. Setzen wir unseren Körper über einen längeren Zeitraum Stress und ungesunden Lebensmitteln aus, lässt es uns biologisch schneller altern.
Das Gute aber ist: Dieser Prozess ist umkehrbar!

# Falsches Essen

**Hohe Entzündungswerte durch falsches Essen?**

Was und wie viel wir essen, entscheidet über unser Wohlbefinden. Und das nicht nur über das körperliche, sondern auch über das seelische. Unser Lebensstil mit Zeitdruck, Mangel an Schlaf und Bewegung, einem Übermaß an Zucker, Fett, Fertigkost, Fleisch und Weißmehl kann die Entzündungswerte in unserem Körper erhöhen. Dies kann zu chronischen Krankheiten führen. Aber auch ein Mitauslöser von Depressionen sein. Senkt man seine Entzündungswerte, so verringert es nicht nur das Risiko, chronisch zu erkranken, es hat sogar einen stimmungsaufhellenden Effekt.

**Entzündungsfördernde Lebensmittel**

Transfette aus Fast Food, Chips, Fertiggerichten

Zucker im Übermaß beim Backen, in Naschereien und Fertigprodukten

Übermäßiger Fleischverzehr, vor allem verarbeitete Wurstwaren

Weißmehl

Alkohol

**Entzündungshemmende Lebensmittel**

Kräuter wie Oregano, Thymian, Rosmarin, Salbei, Basilikum, Rucola

Kurkuma, Ingwer, Fenchel mit ihren ätherischen Ölen

Dunkle Beeren

Omega-3-Fettsäuren aus Lachs, Leinöl, Walnüssen

Probiotische Lebensmittel wie Joghurt, Sauerkraut

# Was sind die Folgen?

Ich hatte mich also zu lange ungesund ernährt und mich wenig bewegt. Laut dem BMI-Wert (Body-Mass-Index) war ich adipös. Meine Blutwerte waren zwar nicht alarmierend, aber grenzwertig. Adipositas ist meist die erste Folge einer ungesunden Ernährung. Das ist zwar per se nicht schlimm, birgt aber ein hohes Risiko für Folgeerkrankungen.

**Eine Übersicht einiger Folgeerkrankungen durch:**

**Adipositas**

- Diabetes mellitus Typ 2 oder Gicht
- Erkrankungen des Herz-Kreislauf-Systems, Bluthochdruck, Schlaganfall
- Störungen des Fettstoffwechsels
- Kniearthrose, Hüftarthrose
- Erkrankungen von Organen
- Unfruchtbarkeit beim Mann
- Atemnot

**Diabetes**

- Schlaganfall
- Herzinfarkt
- Sehverlust
- Amputation
- Nierenversagen

**Weitere häufige Folgen von dauerhaft ungesunder Ernährung sind:**

- Reflux (wenn Magensäure in die Speiseröhre gelangt)
- Gicht
- Reizdarm
- Verschiedene Krebsarten

# Diabetes kurz erklärt

## ... wenn der Körper Zucker nicht verwerten kann

**Es gibt zwei Typen der Diabeteserkrankung:**

**Typ-1-Diabetes** ist eine Autoimmunerkrankung und macht 5 bis 10 % der Diabeteserkrankungen aus. Die Bauchspeicheldrüse produziert kein Insulin und wird von Autoantikörpern befallen. Die Erkrankung tritt oft im Kindesalter auf, daher der Name „jugendlicher Diabetes". Mit falscher Ernährung oder Lebensweise hängt es nicht zusammen und erfordert eine sofortige Insulinbehandlung.

**Typ-2-Diabetes** betrifft 90 % der Diabeteserkrankungen und entsteht oftmals in Kombination von Veranlagung mit ungesunder Ernährung und Bewegungsmangel. Sie beginnt am häufigsten erst nach dem 40. Lebensjahr, was den Namen „Altersdiabetes" erklärt.
Ein gesunder Lebensstil mit viel Bewegung und ausgewogener Ernährung kann das Fortschreiten der Erkrankung hemmen, in einigen Fällen sogar ganz aufhalten.

**Welche Wirkung haben Nahrungsmittel auf meinen Blutzuckerspiegel?**

**Starker bis mittlerer Anstieg**

- Weißmehlprodukte
- Süßigkeiten
- Nudeln
- Mais
- weißer Reis
- Cornflakes
- Popcorn
- Saft
- Obst
- Milch/Joghurt

**Geringer Anstieg**

- Hülsenfrüchte (Erbsen, Kichererbsen Linsen, Bohnen, Soja)
- Nüsse
- Keime und Samen (wie Kürbiskerne, Leinsamen, Mandeln)

**Kaum oder kein Anstieg**

- Wasser- und ballaststoffreiche Nahrungsmittel (wie Gemüse, Pilze)
- Eiweiß (wie mageres Fleisch, Aufschnitt, Fisch, Tofu, Quark, Käse)
- Fett (wie Öl, Butter, Speck)

Meine Rezepte sind für Diabetiker geeignet

# Was braucht der Körper?

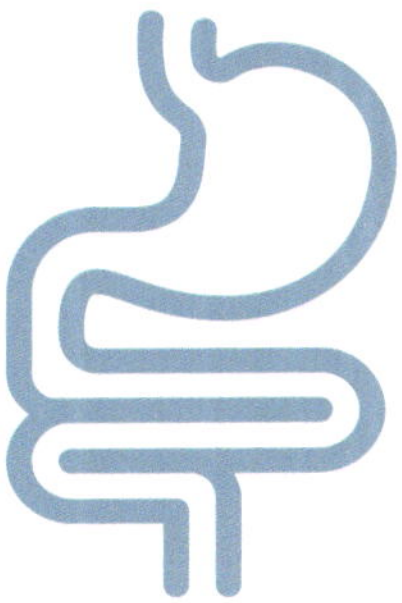

Jede Nahrung, die wir zu uns nehmen, wandert immer auf demselben Weg durch den Körper. Sie wird mit Hilfe von Enzymen in verwertbare Form zersetzt (sogar so fein, dass sie durch die Darmwand in die Blutbahn gelangt), um sie als Energielieferant oder auch als Baustoff zu nutzen. Das finde ich faszinierend. Diese direkte Verbindung hatte ich vorher nicht in meiner Vorstellung. Wurde also das „böse" Essen als solches erkannt und schon vorab direkt zum Ausscheiden verurteilt? Nein, nur die nicht verwertbaren Nahrungsreste scheidet der Körper wieder aus. Er berücksichtigt dabei aber nicht, ob schon genug Zucker, Fett oder andere Nährstoffe ausreichend vorhanden sind. Doch was genau soll ich zu mir nehmen, um meinem Körper Gutes zu tun? Welche Nährstoffe braucht er?

## Die Grundnährstoffe (Makronährstoffe)

**Kohlenhydrate**

- Wichtigster Energielieferant
- Einige Kohlenhydrate gelangen sofort ins Blut und stehen den Organen zur Verfügung, die z. T. nur aus Kohlenhydraten Energie gewinnen können
- Ein Überschuss an Kohlenhydraten wird als Fett eingelagert

**Proteine**

- Überwiegend als Baustoff für Erbinformationen und körpereigene Enzyme genutzt
- Wichtig für den Muskel- und Zellaufbau
- Wichtig als Transportmoleküle im Blut

**Fette**

- Wichtig für Aufbau und Funktion der Nerven
- Wichtiger Energielieferant
- Zu viel Kohlenhydrate werden als Fett gespeichert

# Was braucht der Körper?

Neben den Kohlenhydraten, Fetten und Proteinen braucht der Körper auch Vitamine, Mineralstoffe und Spurenelemente. Die nehmen wir hauptsächlich über die Nahrung auf. Aus Obst, Gemüse, Hülsenfrüchten, Getreide und tierischen Produkten. Sie werden Mikronährstoffe genannt, weil der Körper nur sehr geringe Mengen benötigt. Sie sind lebenswichtig. Aber was sind ihre Aufgaben?

## Mikronährstoffe

| Vitamine | Mineralstoffe | Spurenelemente |
|---|---|---|
| • Wichtig für die Energiegewinnung<br>• Wichtig beim Aufbau von Hormonen, Knochen und Zähnen<br>• Schützen vor Schadstoffen | • Wichtig für unterschiedliche Prozesse im Körper (z. B. den Knochenaufbau)<br>• Beispiele für Mineralstoffe: Magnesium, Calcium | • Sind ebenfalls Mineralstoffe<br>• Zu ihnen zählen z. B. Eisen, Selen, Zink, Fluor und Jod |

## Wasser!

Ohne Wasser geht nichts im Körper. Wasser ist Bestandteil unserer Zellen und enorm wichtig für unseren Stoffwechsel. Trinken wir zu wenig, ist es schädlich für unsere Organe.
Nur wie viel soll ich trinken?

**So viel trinken, wie du Durst hast!**

Wir nehmen etwa einen halben Liter Wasser über unsere Nahrung auf. Unser Durstgefühl sagt uns, wann wir mehr brauchen. Auf zusätzliche 1 - 1,5 Liter sollten wir aber schon kommen.

Übrigens: Das Leitungswasser in Deutschland hat eine sehr hohe Qualität und schont Umwelt und Geldbörse.

# Was sind Proteine?

Proteine sind Eiweiße. Der Begriff Protein wurde aus dem griechischen Wort Proton für „das Erste, das Wichtigste“ abgeleitet. Denn Eiweiß ist für unseren Körper sehr wichtig. Da wir keinen Eiweißspeicher besitzen, müssen unsere Körperzellen regelmäßig mit Eiweiß versorgt werden.

Sie werden während der Verdauung in Aminosäuren zerlegt. Der menschliche Körper braucht Aminosäuren für den Muskelaufbau, das Wachstum und die Erneuerung von Körperzellen. Muskulatur, Knochen, Haut, Enzyme und Hormone enthalten Proteine.

Eiweiß kurbelt die Fettverbrennung an und heizt dem Stoffwechsel ein – und das vor allem in Kombination mit Sport. Eine eiweißreiche Ernährung, bei der man gleichzeitig den Kohlenhydratanteil reduziert (Low Carb), zwingt den Körper dazu, überschüssiges Fett abzubauen. Es wird wenig Insulin* ausgeschüttet, dadurch auch kein Fett eingelagert. Aber Vorsicht: Es sollte nur auf einfache Kohlenhydrate wie Zucker verzichtet werden. Komplexe Kohlenhydrate wie in Hülsenfrüchten hingegen sind sehr gesund.

**Proteinreiche Lebensmittel:**

Eier, Magerquark, Joghurt, Milch

Geflügel, Fleisch, Fisch

Nüsse, Mandeln, Leinsamen

Hülsenfrüchte (z. B. Bohnen, Kichererbsen, Linsen)

Sojabohnen (frisch oder verarbeitet als Tofu oder Joghurt- und Milchalternative)

Grünes Gemüse (z. B. Grünkohl, Spinat, Brokkoli, Rosenkohl)

Getreide (z. B. Hafer, Weizenkeime)

* Insulin ist ein Hormon, das den Zucker aus dem Blut in die Organe transportiert und überschüssigen Zucker als Fett speichern lässt. Zudem hemmt Insulin unsere Fettverbrennung.

# Was sind Kohlenhydrate?

Jede Bewegung, die wir tätigen, verbraucht Energie. Die muss natürlich wieder nachgeladen werden, damit wir Reserven für die Körperfunktionen haben und unseren Alltag bewältigen können. Kohlenhydrate sind die wichtigsten Energielieferanten genau dafür. Dabei werden Kohlenhydrate unterteilt in:

### Schlechte Kohlenhydrate

Schlechte Kohlenhydrate treiben den Blutzucker schnell in die Höhe, Insulin wird ausgeschüttet, damit der Blutzucker wieder schnell sinkt. Der Körper sendet ein Alarmsignal ans Gehirn, mit der Angst vor Unterzuckerung. Der Heißhunger wird ausgelöst. Zudem hemmt Insulin den Fettabbau.

**Wo kommen sie vor?**

- Zucker: Hauhaltszucker, Kuchen, Süßigkeiten
- Weißmehl: Kuchen*, Brötchen, Weißbrot
- Nudeln

*Auf der Suche nach Möglichkeiten ohne Verzicht wollte ich wissen, warum Weißmehl so böse ist. Und vor allem, wie ich es ersetzen kann. Das war der Anfang meiner Wölkchenbäckerei.

### Gute Kohlenhydrate

Gute Kohlenhydrate sind Mehrfachzucker – etwa Vollkornprodukte oder Kartoffeln mit langkettiger Molekülstruktur.

Der Körper benötigt mehr Zeit, um sie aufzuspalten und Energie daraus zu gewinnen: Das hält den Blutzuckerspiegel konstant und sättigt besser. Sie lösen keinen Heißhunger aus.

**Wo kommen sie vor?**

- Hülsenfrüchte (Linsen, Bohnen)
- grünes Gemüse
- Salat
- Vollkornprodukte
- Nüsse
- Kartoffeln

# Fette & Öle

Sie liefern Energie und versorgen unseren Organismus. Sie sind wichtig für gesunde Zellwände, das Gehirn und sie regulieren den Blutdruck. Unterschieden wird zwischen gesättigten und ungesättigten Fettsäuren. Nur welche sind wirklich gut?
Ich dachte jahrelang, dass Fette allgemein ungesund sind, dick machen und unseren Cholesterinspiegel erhöhen. Das ist nicht ganz richtig. Sie sind zwar sehr kalorienreich, aber essenziell für unseren Körper. Eines steht fest: Der Mix macht's!

Kann der Körper selbst herstellen

### Gesättigte Fettsäuren

Erfüllen wichtige Aufgaben im Körper, als Botenstoffe für die Nerven zum Beispiel. Sie werden mit einem erhöhten Risiko für Herz-Kreislauf-Krankheiten in Verbindung gebracht, da ein dauerhaft übermäßiger Verzehr das schlechte Cholesterin erhöhen kann. In Maßen sind sie richtig gesund.

### Ungesättigte Fettsäuren

Müssen über Lebensmittel zugeführt werden

#### Einfach ungesättigte Fettsäuren

Sie sind wichtig für die Vitaminaufnahme und können auch den Cholesterinspiegel senken.

#### Mehrfach ungesättigte Fettsäuren

Sie sind wichtig für gesunde Zellwände, das Gehirn und auch für die Regulation des Blutdrucks.
Omega-3-Fettsäuren wirken zudem entzündungshemmend.

**Für Salate**

- Natives Olivenöl
- Walnussöl

**Zum Braten**

- Olivenöl
- Rapsöl
- Butter

**Sehr hohe Temperaturen**

- Sonnenblumenöl
- Rapsöl

# Was sind Ballaststoffe?

Ballaststoffe kommen vorwiegend in pflanzlichen Lebensmitteln vor. Es sind die faserreichen Bestandteile im Obst und Gemüse und die Schalen bei Getreide. Sie sind weitestgehend unverdaulich. In tierischen Produkten kommen sie fast gar nicht vor, aber dafür ganz viel in Vollkorngetreide, Hülsenfrüchten, Obst, Gemüse, Nüssen und Saaten. Die Ballaststoffe gibt es in zwei unterschiedlichen Formen:

**Lösliche Ballaststoffe**

stecken in Obst, Gemüse und auch in Getreide wie Gerste und Hafer.

- binden schon im Magen viel Flüssigkeit und halten daher lange satt.
- binden die Gallensäure und sorgen so für ein besseres Cholesterinbild.

**Unlösliche Ballaststoffe**

sind in Hülsenfrüchten und Getreide zu finden.

- lösen sich nicht in Wasser auf und regen die Darmtätigkeit an.
- regulieren die Darmflora.
- müssen länger gekaut werden; dadurch essen wir weniger – und stärken Zähne und Zahnfleisch.

Ballaststoffe sorgen für ein lang anhaltendes Sättigungsgefühl. Zudem haben Ballaststoffe kaum Kalorien. Das hörte sich doch großartig an! Damit musste man doch gesunde Brote und Kuchen backen können, dachte ich mir und legte los.

**Obst und Gemüse**

**Beeren**

**Nüsse**

**Getreide & Vollkornprodukte**

# Zucker

**Was ist Zucker eigentlich?**

Es gibt verschiedene Arten von Zucker: zum Beispiel Glucose (Traubenzucker), Fructose (Fruchtzucker) und Lactose (Milchzucker). Aber auch Stärke, etwa in Kartoffeln, oder Saccharose (typischer Haushaltszucker) gehören dazu.
Sie zählen zu den Kohlenhydraten und haben alle einen ähnlichen Aufbau. Unser Körper braucht zum Überleben keinen zusätzlichen Zucker, denn die benötigte Energie zieht er aus den Kohlenhydraten verschiedener Lebensmittel wie Obst und Stärke. Aber wir mögen schon von Beginn an Süßes wie die Muttermilch, und für einige kann es nie süß genug sein ...

**Ist Zucker wirklich schädlich?**

Eigentlich ist Zucker per se nicht schädlich, nur verzehren wir zu viel davon. Die Empfehlung der WHO liegt bei max. 50 g Zucker/Tag für freien Zucker. Wenn man übergewichtig ist, sogar nur bei 25 g Zucker/Tag. Mit freiem Zucker sind Lebensmittel mit angereichertem Haushaltszucker gemeint (Limonaden, Schokolade, etc.). Der Tagesdurchschnitt in Deutschland beträgt aktuell allerdings etwa 100 g/Tag. Da dieser Zucker zu den „schlechten" Kohlenhydraten gehört (S. 21), führt ein dauerhaft übermäßiger Verzehr neben Übergewicht auch zu zahlreichen Krankheiten.

**Macht Zucker süchtig?**

Süßes, vor allem in Kombination mit Fett, aktiviert das Belohnungssystem im Gehirn. Sobald wir beispielsweise in einen Donut beißen oder ein Stück Schokolade essen, werden Signale ans Hirn geleitet, das daraufhin eine erhöhte Ausschüttung von Dopamin – auch als Glückshormon bekannt – veranlasst. Bei regelmäßigem Verzehr entsteht eine Art Gewöhnungseffekt. Allerdings wird dann bei gleicher Zuckermenge weniger Dopamin ausgeschüttet, und man braucht mehr Süßes, um das gleiche Glücksgefühl zu erreichen.
Das Gute allerdings ist, dass wir uns das wieder abgewöhnen können: Essen wir weniger freien Zucker oder wählen Alternativen, schütten wir schon nach kurzer Zeit Dopamin bei niedrigeren Zuckermengen aus.

# Zuckerfallen und Alternativen

Vermeintlich gesunde Lebensmittel können doch fiese Zuckerfallen sein. Ich achte beim Einkauf deshalb ganz oft auf den Zuckergehalt. Dabei schaue ich auf die Zutaten, denn Zucker hat viele Namen:
Saccharose, Dextrose, Raffinose, Glukose, Fruktosesirup, Glukosesirup, Stärkesirup, Karamellsirup, Laktose, Maltose, Malzextrakt, Gerstenmalzextrakt. Ich habe hier einige Zuckerbomben zusammengestellt:

| Zuckerbombe! | Zucker/100g | Alternative |
|---|---|---|
| Erfrischungsgetränke | ca. 11 g | Selbstgemachter Eistee |
| Fruchtjoghurt | ca. 13 g | Naturjoghurt mit Beeren und etwas Süße |
| Ketchup | ca. 22 g | Rezept auf Seite 132 |
| Apfel-Rotkohl aus dem Glas | ca. 11 g | Selber kochen, portionieren und einfrieren |
| Müsliriegel | ca. 25 g | Fruchttaler aus „Abnehmen mit Brot & Kuchen Teil 2“ |
| Säfte und Smoothies | ca. 10 g | Keine Alternative, max. 1-2 Gläser/Woche |
| Trockenobst | ca. 55 g | Nährstoffreich, in Maßen genießen |
| Salatsoßen | ca. 16 g | Essig, Öl, Kräuter, Gewürze mit etwas Süße |
| Sekt | ca. 5 g | Keine Alternative, nur zu Feierlichkeiten |
| Obst aus dem Glas | ca. 10 g | Darauf verzichten, ansonsten auf den Zuckergehalt achten |

# Alternativen zum Süßen

| Alternative | Kcal/ 100 g | Eigenschaften | Geeignet |
| --- | --- | --- | --- |
| Trockenobst | 257 | Viele Vitamine, Mineral- und Ballaststoffe. Entzündungshemmend. Haben einen hohen Zuckergehalt. | Zum Kekse backen, für Müsliriegel. |
| Honig<br>Ahornsirup<br>Kokosblütenzucker | 300<br>248<br>380 | Haben einen hohen Zuckergehalt. Aber hier würde ich den Honig wegen der besseren Nährstoffe empfehlen. | Zum Tee und Kochen. Zum Backen nicht ideal. |
| Birkenzucker/Xylit | 240 | Ursprünglich aus Birkenrinde, inzwischen aber auch aus Maiskolbenresten, Stroh und Getreidekleien gewonnen. Gut gegen Karies. | Zum Tee, Kochen und Backen. |
| Erythrit | 0 | Zuckerersatzstoff, der biochemisch aus Stärke gewonnen wird. In der Natur kommt er z. B. in Pilzen, Käse, Erdbeeren oder Pistazien vor. 70 % Süßkraft zu raffiniertem Zucker. Hat einen kühlenden Effekt auf der Zunge. | Zum Tee, Kochen und Backen. |
| Stevia (300 mal süßer als Zucker) | +/- 0 | Ist ein Pflanzenextrakt und wirkt sich kaum auf den Blutzuckerspiegel aus. Kann vor allem nach dem Backen einen lakritzartigen Nachgeschmack verursachen. | Zum Tee und Kochen. Zum Backen nicht ideal. |

# Alternativen zum Weißmehl

In meiner Ernährungsumstellung fehlte mir das geliebte Gebäck. Weißmehl, das hatte ich gelernt, ist voller Einfachzucker, der unseren Blutzuckerspiegel in die Höhe treibt. Was also konnte ich stattdessen nehmen?
Eins war klar: Auf Getreide wollte ich nicht verzichten, denn nur damit würde ich den gewohnten Geschmack von Brot und Kuchen erreichen können. So machte ich mich auf die Experimentierreise und hier ist meine kleine Auswahl von Weißmehl-Alternativen, mit denen dann auch das Rezept von Oma gelingt.

| Alternative | Eigenschaften | Verhalten beim Backen |
|---|---|---|
| Hohe Typenummer | Je höher die Typenummer, desto mehr Schalenteile und Nährstoffe. | 1:1 – Dinkelmehl Type 1050 hat bessere Nährwerte bei fast gleichem Geschmack. |
| Vollkornmehl | Das volle Korn wird gemahlen mit allen Nährstoffen. | Erfordert mehr Flüssigkeit. 10 % weniger Mehl als im Rezept angegeben nehmen. |
| Hafermehl | Das Hafermehl wird aus sehr fein gemahlenen Haferflocken gewonnen, ist sehr protein- und ballaststoffreich. | Beide können in jedem Rezept bis zu 50 % als Alternative genommen werden. |
| Haferkleie | Die Kleie besteht aus den Randschichten und dem Keimling. Hat noch bessere Werte als Hafermehl und -flocken. Mein Superfood! | Idealerweise in Mischung mit Type 1050 oder Dinkelvollkornmehl. |
| Flohsamenschalen | Binden bis das 50-fache an Flüssigkeit. Sehr ballaststoffreich und gut für die Verdauung. | Eignen sich hervorragend als Bindemittel, Mehl wird gespart. |
| Maismehl<br>Reismehl<br>Buchweizenmehl | Diese Mehle sind glutenfrei und eine gute Alternative zum Weißmehl bei einer Glutenunverträglichkeit. | Ersatz für 100 g Weißmehl: 50 g Buchweizenmehl, 25 g Maismehl, 25 g Reismehl |

# Für meine Einkaufsliste

„Gesunde Ernährung ist zu teuer“, heißt es oft. Das habe ich auch gedacht. Dann wiederum fragte ich mich, wie meine Mutter mit fünf Kindern und wenig Geld es doch immer geschafft hat, täglich mit viel Gemüse für uns zu kochen. Und das, obwohl sie sehr viel gearbeitet hat.
Ich war immer froh, wenn ich trotz Kindern und Arbeit Nudeln mit Soße, Kartoffeln und Quark oder auch mal eine Suppe auf die Schnelle zubereiten konnte. Was machte meine Mutter bloß anders?

## Auf Vorrat einkaufen

Viele Lebensmittel, auch Obst und Gemüse, halten sich lange frisch. Einmal die Woche auf Vorrat einkaufen spart Zeit und Geld. Große Verpackungen kosten weniger. Fleisch und Fisch kann man portioniert einfrieren.

## In großen Mengen kochen

Die Reste kann man einfrieren oder am nächsten Tag verwerten, z. B. zum Mittag bei der Arbeit.

## Meine Einkaufsliste

Diese Lebensmittel solltest du immer zu Hause haben:

- Obst und Gemüse (auch TK)
- Vollkornprodukte (Haferflocken, Mehl, Kleie und Vollkornnudeln und -reis)
- Hülsenfrüchte (Erbsen, Linsen, Bohnen)
- Milchprodukte oder vegane Alternativen (Magerquark, Joghurt, Milch)
- Bio-Eier
- Nüsse
- Ausgewählte Süße*

* Bei dem Thema Süße und Zuckerersatzstoffe gehen die Meinungen sehr weit auseinander. Entscheide selbst, was dir am besten zusagt. Hierbei stehen natürlich Gesundheit und Geschmack im Vordergrund. In meinen Rezepten lasse ich dir die Wahl und gebe Zucker als Richtwert an.

# Für meine Einkaufsliste

**Regional, saisonal**

Ich achte bei meinen Zutaten darauf, dass sie nicht allzu exotisch sind. Nicht alle Lebensmittel können aus der Region kommen, aber einfach etwas gezielter einzukaufen bringt dir nicht nur mehr Frische auf den Tisch, du tust sogar etwas Gutes für die Umwelt und unterstützt Unternehmen aus deiner Umgebung. Bevorzuge Bioqualität, denn Pestizide und Kraftfutter bei Massentierhaltung sind letztendlich auch für deinen Körper schlecht.
Optimale Reife und besten Geschmack bekommst du übrigens mit saisonalem Obst und Gemüse. Erdbeeren im Winter? Nein danke!

**Vegane Alternativen***

Du kannst Molkereiprodukte durch pflanzliche Alternativen im gleichen Verhältnis austauschen. Ein Ei kannst du z. B. durch Sojamehl ersetzen (1 EL Sojamehl mit 2 EL Wasser mischen).
Bitte achte jedoch auch bei veganen Produkten auf den Nährwert (z. B. Fett, Zucker), wenn du deine Kalorienzufuhr reduzieren möchtest!

**Kann ich auch beim Discounter einkaufen?**

Ich habe viel zu lange wenig Geld gehabt, als dass ich jetzt behaupten könnte, dass sich jeder den Einkauf beim Bauern nebenan leisten kann. Das entspricht nicht der Realität. Aber zum Glück haben viele Supermärkte ihr Sortiment auf Bio-Qualität umgestellt und um viele gesunde Nahrungsmittel erweitert. Vollkornprodukte und sogar meine geliebte Haferkleie kann ich mittlerweile bei einigen Ketten finden. Ja, du kannst auch beim Discounter einkaufen!

* Alle meine Rezepte kannst du auch vegan umwandeln. Milchprodukte (Quark, Milch, Joghurt) einfach 1:1 ersetzen. Im Brot kannst du Ei weglassen, im Kuchen Ei-Ersatz nehmen.

# Ohne Bewegung geht es nicht

Ich bin keine Sportskanone. Das war ich leider noch nie, aber eine ganz faule Socke auch nicht. Rad fahren, Bewegung im Haushalt und Spaziergänge habe ich schon immer in meinen Alltag integriert. Einen Halbmarathon könnte ich jetzt nicht mitlaufen, aber das muss man auch nicht. Treppensteigen, weniger Auto fahren und dafür zu Fuß laufen oder Rad fahren, auf eine gute Schrittzahl pro Tag kommen. Das sind wirklich sehr einfache und effektive Betätigungen.

**Weitere Sporttipps:**

**Walking**
Die gelenkschonende Alternative zum Joggen ist Walking oder auch Nordic Walking. Nordic Walking ist nicht nur ein klasse Ausgleichssport für Läufer und Biker, sondern auch optimal für Einsteiger, die ihre Kondition noch aufbauen wollen.

**Schwimmen**
Der ideale Sport zum Abnehmen für alle, die ihre Gelenke schonen wollen oder müssen.
Das Bahnenziehen ist nicht nur ein optimales Ausdauer-Workout, es sorgt nebenbei für eine ganzheitliche Kräftigung aller Muskeln.

**Rad fahren**
Rad fahren ist das perfekte Ausdauertraining für Naturverbundene.

Alle drei Sportarten sind familienfreundlich und lassen sich gut in den Alltag einbinden. Am besten variiert ihr zwischen den einzelnen Angeboten, so beugt ihr Verspannungen vor.

Auf die Frage, wie häufig ihr Sport treiben solltet, empfehle ich euch auch hier, realistisch zu bleiben und keinen Zwang zu entwickeln. Regelmäßiger Sport setzt Endorphine (Glückshormone) frei und ihr werdet daher von ganz alleine mehr Bewegung wollen.

# Wie halte ich das durch?

Jedes Mal, wenn ich eine „Diät“ angefangen hatte, dachte ich, dass ich auf all die Leckereien im Restaurant verzichten und mich mit einem Salat oder einer Suppe zufriedengeben muss. Von Partybuffets ganz zu schweigen. Allein dieser Gedanke hatte mich schon gehemmt, meine Ernährungsumstellung dauerhaft durchhalten zu wollen. Es ist einfach so schön auszugehen, gesellig zu essen oder sich unterwegs am Bahnhof oder mal auf dem Jahrmarkt etwas zu gönnen.
Haben wir im Alltag unsere Ernährung so weit umgestellt, dass wir viel Gemüse und Obst, Vollkornprodukte, Proteine und wenige, aber gute Fette zu uns nehmen und uns damit auch satt essen, ist natürlich auch ein gelegentlicher Restaurantbesuch mit dem Lieblingsessen oder eine Party mit Buffet und Sekt drin.

Wichtig ist, dass wir einfach glücklich sind. Einen gesunden Körper können wir nur in Zusammenspiel mit mentaler Gesundheit, guter Ernährung und viel Bewegung bekommen!

**Grundlegendes**

Stressiger Alltag, wenig Zeit, viel zu tun... Davon kann ich auch ein Lied singen. Irgendwie durch den Alltag kommen, am Abend schnell was essen, vor dem Fernseher sündigen und sagen: „Morgen wird es besser“. Doch morgen ist es das gleiche Spiel. Tag für Tag ein Teufelskreis und das schlechte Gewissen steigt. Wie ich da rausgekommen bin?
Der Gedanke, dass ich ein Mensch bin und keine Maschine, hat mir geholfen. Ein Mensch mit Bedürfnissen, hormonellen Schwankungen und Aufgaben im Alltag. Und diesen Herausforderungen habe ich Platz für ihr Dasein eingeräumt.
Ich versuche, jede Kleinigkeit bewusst zu entscheiden: „Brauche ich das jetzt wirklich?“ Die Vorstellung, was das Essen in meinem Körper auslöst, hilft mir auch oft dabei. Ich bin nicht schlank, sehe nicht aus wie vor zehn Jahren, aber dafür sind meine Blutwerte gut und ich fühle mich trotzdem wohl.
Denken wir ganzheitlich: Eine Ernährungsumstellung ist ein Teil eines glücklichen Lebens. So wie wir mal schlechte Laune am Tag akzeptieren, müssen wir auch schlechte Tage beim Essen akzeptieren. Wichtig dabei ist, im Alltag generell bei der gesunden Ernährung zu bleiben. Man möchte ja schließlich auch nicht immer schlecht gelaunt durch das Leben gehen!

# Wie fange ich an?

Jeder Anfang ist schwer, doch nach den ersten erfolgreichen Schritten wird der innere Schweinehund gezähmt und die Motivation steigt.
Verzicht ist Futter für den inneren Schweinehund. Wenn ich also von heute auf morgen auf viele meiner Gewohnheiten verzichten muss, fühlt er sich wie die Made im Speck und es wird schwer, ihn loszuwerden.
Mehrere kleine Stufen führen genauso zum Ziel wie größere Stufen. Der Vorteil hierbei ist allerdings die geringere Anstrengung.

**Gönnen wir uns weiterhin unsere geliebten Gewohnheiten, aber befriedigen wir sie nach und nach mit gesünderen Alternativen.** So fällt es uns leichter, unsere Ernährung umzustellen. Ein weiterer angenehmer Effekt bei dieser Methode ist, dass der Körper sich langsam und dadurch nachhaltig an die Umstellung gewöhnen kann.

Nimm dir also kleine Stufen ohne Anstrengung vor. Es kostet dich womöglich Zeit, aber du gehst den Weg ganz entspannt und bewusst. Diesen Unterschied wirst du schon nach einigen Wochen bemerken. Keine Diät-Gedanken, kein Zeitdruck, kein Verzicht.

Außerdem:

**„Gesund bedeutet auch lecker!“**

Auf den folgenden Seiten zeige ich euch meinen 8-Wochen-Plan, mit dem ich es geschafft habe, meine Ernährung dauerhaft umzustellen.

# Ernährungsplan Woche 1 + 2

## Zucker

Versuche nur den raffinierten Haushaltszucker durch gesündere Alternativen zu ersetzen. Im Kaffee, im Gebäck, bei Süßigkeiten und vor allem in Erfrischungsgetränken. Achte darauf, dass die auf Seite 25 genannten Zuckerbomben nicht in deinen Lebensmitteln sind. Sei auch sorgfältig bei den vermeintlich gesunden Nahrungsmitteln wie Fruchtjoghurt und Müsli.

Versuche täglich auf Schrittzahlen zwischen 6000 und 10.000 zu kommen.

Alle weiteren Gewohnheiten bleiben unverändert.

**Die folgende Tabelle zeigt, womit und warum ich die Lebensmittel ersetzt habe:**

| Gelüste | Alternative | Vorteile |
|---|---|---|
| • Süße Aufstriche | • Schokocreme S. 139 oder selbstgekochte Marmelade ohne raffinierten Zucker | • Gute Nährstoffe, weniger Kalorien |
| • Süßigkeiten | • Kuchen, gebacken mit Alternativen zu raffiniertem Zucker (siehe Rezepte im Anhang), Schokoflocken, Beeren, gelegentlich Rosinen | • Ballaststoffreich, macht keinen Heißhunger, weniger Kalorien |
| • Erfrischungsgetränke | • Selbstgemachter Eistee* oder Zitronen-Kräuter-Wasser | • Weniger Kalorien, gut für die Zähne |
| • Müsli, gesüßt | • Getreideflocken mit Beeren und etwas Honig | • Keine versteckte Zuckerfalle |

* Eistee:
Tee mit wenig Wasser kochen, Süße hinzugeben, abkühlen, auf Eiswasser kippen, mit Zitronensaft abschmecken

# Ernährungsplan Woche 3 + 4

## Weißmehl

In dieser Phase gehen wir den nicht sofort ersichtlichen Zucker in Form von Weißmehl, Weizenprodukten und weißem Reis an. Bei Brötchen, Brot und Pizza und auch bei Nudeln solltest du zu Vollkornprodukten greifen.

Vielleicht hast du ja auch Lust, dich zweimal die Woche auszupowern. Mir helfen oft kostenlose Fitnessvideos aus dem Internet. Suche dir etwas, das dir Spaß macht und dich nicht zu sehr herausfordert.

Alle weiteren Gewohnheiten bleiben, ersetze weiterhin raffinierten Haushaltszucker.

**Die folgende Tabelle zeigt, womit und warum ich die Lebensmittel ersetzt habe:**

| Gelüste | Alternative | Vorteile |
|---|---|---|
| • Nudeln | • Dinkel- und Vollkornnudeln sowie glutenfreie Nudeln aus Mais- und Reismehl | • Ballaststoffreicher, höherwertigere Eiweiße, ungesättigte Fettsäuren |
| • Weißbrot | • Z. B. Weißbrot (S. 68) oder Sandwichbrot (S. 50) | • Ballaststoffreich, geringerer Einfluss auf den Blutzuckerspiegel (BZS), weniger Kalorien |
| • Reis | • Vollkorn- oder Naturreis | • Höherer Ballaststoff- und Eiweißgehalt, ungesättigte Fettsäuren |
| • Kuchen | • Diverse aus dem Kapitel „Kuchen“ | • Geringer Einfluss auf BZS, weniger Kalorien |

# Ernährungsplan Woche 5 + 6

## Fette

Es gibt zwar gute Fette, aber zu viele davon sind auch nicht gesundheitsfördernd. Mit Gemüse darfst du dich satt essen, aber bitte nicht frittiert! Achte in dieser Phase auf fettige Nahrungsmittel und versuche, sie durch einfache Alternativen zu ersetzen.

Bleibe bei deiner Schrittzahl und deiner zusätzlichen Bewegung.

Versuche abends weniger und dafür proteinreich zu essen. Eine oder zwei Scheiben von meinen Broten und auch ein Brötchen sind allerdings erlaubt.

**Die folgende Tabelle zeigt, womit und warum ich die Lebensmittel ersetzt habe:**

| Gelüste | Alternative | Vorteile |
|---|---|---|
| • Pommes | • Ofen-Pommes (S. 110) | • Kalorien- und fettärmer, 2/3 weniger Kalorien |
| • Burger | • Mini-Burger aus meinem Buch „Wölkchenleichtes Grill- und Partybuffet" (S. 68) | • Weniger Kalorien, gesündere Fette, viele Ballaststoffe |
| • Chips | • Selbstgemachte Chips (S. 136), knackige Kichererbsen und würzige Bohnen aus „Wölkchenleichtes Grill- und Partybuffet" (S. 66) | • Weniger Fett, kalorienarm, ballaststoff- und proteinreich |

# Ernährungsplan Woche 7 + 8

## Fertiggerichte

Das kennt jeder: Der Tag ist lang und es fehlt die Zeit zum Kochen. Da kommen Fertiggerichte gerade recht. Zeitlich gesehen ja, aber sie sind meist voller Zucker und Fett, wahre Kalorienbomben. Versuche in dieser letzten Phase auf Fertiggerichte zu verzichten. Auf Vorrat kochen/backen und einfrieren hilft!

Bleibe bei deiner Schrittzahl und deiner zusätzlichen Bewegung.

Gewohnheiten und Neues aus den letzten Phasen bleiben.

Wichtig in allen Phasen: Iss bis du satt bist. Übermäßiges Essen führt zu Übergewicht.

**Die folgende Tabelle zeigt, womit und warum ich die Lebensmittel ersetzt habe:**

| Gelüste | Alternative | Vorteile |
|---|---|---|
| • Fertige Soßen | • Selber machen! Z. B. Soßen und Dips aus „Abnehmen mit Brot & Kuchen Teil 3“ oder Salsa- und Knoblauchsoße aus „Wölkchenleichtes Grill- und Partybuffet“ | • Gute Nährstoffe, weniger Kalorien, ohne Zuckerzusatz, schnell zubereitet |
| • Pizza | • Waffelpizza (S. 108), Pizzaseelen (S. 102), Orientalische Pizza (S. 106), Calzone (S. 104) | • Ballaststoffreich, vollwertigerer Teig, kalorienarm, hält länger satt |
| • Salatdressings | • Essig, Öl und Kräuter | • Ohne Zuckerzusatz, gesündere Fette |

# Checkliste

Das habe ich schon geschafft:

- [ ] Keine zuckerhaltigen Getränke
- [ ] Viele Vollkornprodukte
- [ ] Schrittzahl erreicht
- [ ] ...
- [ ] 
- [ ] 
- [ ] 
- [ ] 

Das fällt mir noch schwer:

→

→

→

→

# Brot & Brötchen

# Franzbrötchen 2.0

| | |
|---|---|
| Auf 180° O-/U-Hitze | den Ofen vorheizen. |
| 250 g Magerquark | |
| 200 g Dinkelmehl Type 1050 | |
| Süße für 50 g Zucker | |
| 1 EL Pflanzenöl | |
| 1 Pkg Backpulver | der Reihe nach in eine Schüssel geben und zu einem geschmeidigen Teig vermengen. |
| Etwas Mehl | auf die Arbeitsfläche geben und den Teig mit einem Nudelholz auf etwa 20x40 cm ausrollen. Mit |
| 10 g Halbfettmargarine oder -butter | die Hälfte des Fladens (quer) bepinseln und mit |
| Süße für 20 g Zucker | und |
| 1 TL Zimt | bestreuen. Den Teig zusammenklappen, sodass er etwa 20x20 cm groß wird, und dann mit dem Nudelholz zu etwa 35x35 cm ausrollen. Nun den gesamten Fladen mit |
| 10 g Halbfettmargarine oder -butter | bepinseln. |
| Süße für 80 g Zucker | und |
| 1 EL Zimt | in einer Schüssel vermengen und auf den Teig streuen. Nun den Teig vorsichtig einrollen und mit dem Messer in 10 kleine Stücke in Schrägen schneiden /\/\/ usw. Die Stücke trennen und mit der schmalen Seite nach oben zeigend auf dem Backblech platzieren. Einmal längs auf dem schmalen Ende mit dem Nudelholz die Teilchen platt drücken, sodass die eingerollten Seiten schön herausquellen. Auf mittlerer Schiene |
| etwa 30 Minuten | backen. Warm oder kalt genießen. |

Ein Stück (1/10): Kcal: 106 | Fett: 2g | Kohlenhydrate: 15g | Ballaststoffe: 1g | Eiweiß: 5g | BE: 1,5

# Haferbrötchen

| | |
|---|---|
| Auf 180° O-/U-Hitze | den Ofen vorheizen. |
| 200 g Magerquark<br>1 Ei<br>70 ml Wasser | in einer Schüssel cremig rühren. |
| 100 g Hafermehl<br>oder fein gemahlene Haferflocken<br>80 g fein gemahlene Haferkleie<br>20 g Flohsamenschalen<br>1 gestr. TL Salz<br>1 Pkg Backpulver | dazugeben und zügig zu einem leicht klebrigen Teig vermengen. Den Teig |
| 10 Minuten | ruhen lassen. |
| Etwas Mehl | auf die Arbeitsfläche streuen und den Teig in 8 gleiche große Stücke schneiden. Mit nassen Händen zu Brötchen formen und in |
| 2 EL Haferkleie | wälzen. Auf einem mit Backpapier ausgelegten Backblech verteilen und mittig mit einem Messer anschneiden. Auf mittlerer Schiene |
| etwa 35 Minuten | backen. |

Ein Stück (1/8): Kcal: 122 | Fett: 2g | Kohlenhydrate: 15g | Ballaststoffe: 4g | Eiweiß: 7g | BE 1,3

# Hamburger Rundstücke

| | |
|---|---|
| Auf 200° O-/U-Hitze | den Ofen vorheizen. |
| 1 Ei | |
| 50 ml fettarme Milch 1,5 % | |
| 200 g Magerquark | in einer Schüssel cremig rühren. |
| 260 g Dinkelmehl Type 1050 | |
| 1 TL Backmalz | |
| 1 gestr. TL Salz | |
| 1 Pkg Backpulver | dazugeben und zu einem leicht klebrigen Teig vermengen. |
| Etwas Mehl | auf die Arbeitsfläche streuen und den Teig in 8 gleich große Stücke schneiden. Mit beiden Händen oder auf der Arbeitsfläche rund formen und auf einem mit Backpapier ausgelegten Backblech verteilen. Mit |
| Wasser | bestreichen. |
| | Auf mittlerer Schiene |
| etwa 25 Minuten | backen. |
| | Auf einem Rost vollständig auskühlen lassen. |

Ein Stück (1/8): Kcal: 144 | Fett: 2g | Kohlenhydrate: 24g | Ballaststoffe: 2g | Eiweiß: 8g | BE: 2,0

# Körnerbrötchen

| | |
|---|---|
| Auf 180° O-/U-Hitze | den Ofen vorheizen.<br>In einer kleinen Schüssel |
| 20 g Leinsamen<br>10 g Chiasamen<br>30 g Sonnenblumenkerne | vermengen und beiseitestellen.<br>In einer großen Schüssel |
| 300 g Magerquark<br>1 Ei<br>100 ml Wasser | cremig rühren. |
| 100 g Dinkelvollkornmehl<br>60 g fein gemahlene Haferkleie<br>40 g Dinkelkleie<br>20 g Flohsamenschalen<br>1 gestr. TL Salz<br>1 Pkg Backpulver | dazugeben und zügig zu einem leicht klebrigen Teig vermengen. |
| Etwas Mehl | auf die Arbeitsfläche streuen und den Teig in 8 gleich große Stücke schneiden. Die Stücke zu Brötchen formen und in dem Körnergemisch wälzen. Auf einem mit Backpapier ausgelegten Backblech verteilen und mittig mit einem Messer anschneiden. Auf mittlerer Schiene |
| etwa 25 Minuten | backen.<br><br>Auf einem Rost auskühlen lassen. |

Ein Stück (1/8): Kcal: 166 | Fett: 5g | Kohlenhydrate: 15g | Ballaststoffe: 8g | Eiweiß: 11g | BE: 1,3

# Roggen-Hafer-Brötchen

| | |
|---|---|
| Auf 200° O-/U-Hitze | den Ofen vorheizen. |
| 1 Ei | |
| 50 ml Wasser | |
| 300 g Magerquark | in einer Schüssel cremig rühren. |
| 120 g Roggenvollkornmehl | |
| 120 g Hafermehl | |
| oder fein gemahlene Haferflocken | |
| 10 g Flohsamenschalen | |
| 1 gestr. TL Salz | |
| 1 Pkg Backpulver | dazugeben und zu einem klebrigen Teig vermengen. |
| Etwas Mehl | auf die Arbeitsfläche streuen. Den Teig darauf etwas länglich formen, leicht flach drücken und in 7 gleich große Stücke schneiden. Auf einem mit Backpapier ausgelegten Backblech verteilen. Auf mittlerer Schiene |
| etwa 30 Minuten | backen. |
| | Auf einem Rost auskühlen lassen. |

Ein Stück (1/7): Kcal: 168 | Fett: 3g | Kohlenhydrate: 24g | Ballaststoffe: 4g | Eiweiß: 10g | BE: 2,

# Sandwichbrot

| | |
|---|---|
| Auf 200° O-/U-Hitze | den Ofen vorheizen. |
| 1 Ei<br>300 g Magerquark | in einer Schüssel cremig rühren. |
| 180 g Dinkelmehl Type 630<br>50 g Hafermehl<br>oder fein gemahlene Haferflocken<br>15 g Flohsamenschalen<br>30 ml Wasser<br>1 gestr. TL Salz<br>1 Pkg Backpulver | dazugeben und mit der Hand oder einem Rührspachtel gut vermengen. |
| 10 Minuten | ruhen lassen. |
| Etwas Mehl | auf die Arbeitsfläche geben und den Teig in 6 Stücke teilen. Mit beiden Händen jeweils etwa 12 cm lang rollen, etwas platt drücken und auf ein mit Backpapier ausgelegtes Backblech legen. Auf mittlerer Schiene |
| etwa 20-25 Minuten | backen, bis sie goldbraun werden.<br>Auf einem Rost vollständig auskühlen lassen. |
| | Nach Belieben belegen, füllen, dippen. |

Ein Stück (1/6): Kcal: 188 | Fett: 2g | Kohlenhydrate: 27g | Ballaststoffe: 4g | Eiweiß: 12g | BE: 2,3

# Schoko-Milchbrötchen

| | |
|---|---|
| Auf 180° O-/U-Hitze | den Ofen vorheizen. |
| 150 ml Buttermilch | |
| 100 ml fettarme Milch 1,5 % | |
| 1 Ei | |
| Süße für 40 g Zucker | in einer Schüssel cremig rühren. |
| 100 g Dinkelmehl Type 630 | |
| 120 g Dinkelvollkornmehl | |
| 15 g Flohsamenschalen | |
| 1 Prise Salz | |
| 1 Pkg Backpulver | |
| 30 g Schokodrops | dazugeben und zu einem klebrigen Teig kneten. |
| 10 Minuten | ruhen lassen. |
| | Aus dem Teig etwa 7 gleich große Brötchen formen und auf ein mit Backpapier ausgelegtes Backblech legen. Im unteren Drittel des Ofens |
| etwa 30 Minuten | backen. |
| | Auf einem Rost auskühlen lassen. |

Ein Stück (1/7): Kcal: 162 | Fett: 3g | Kohlenhydrate: 25g | Ballaststoffe: 4g | Eiweiß: 7g | BE: 2,1

# Schnelle Bagels

| | |
|---|---|
| Auf 200° O-/U-Hitze | den Ofen vorheizen. |
| 250 g Magerquark<br>1 Ei<br>120 g Dinkelmehl Type 1050<br>30 g fein gemahlene Haferkleie<br>1 Pkg Backpulver<br>Süße für 30 g Zucker<br>1 gestr. TL Salz | in einer Schüssel zu einem klebrigen Teig vermengen. |
| 20 g Flohsamenschalen<br>50 ml Wasser | hinzufügen und zügig unterheben. |
| Etwas Mehl | auf die Arbeitsfläche streuen. Den Teig in etwa 6 gleich große Stücke teilen und auf der Arbeitsfläche zu Kugeln formen. In die Mitte der Teigkugeln jeweils ein Loch bohren (z. B. mit einem Kochlöffelstiel) und mit den Fingern vorsichtig verbreitern.<br>Auf ein mit Backpapier ausgelegtes Backblech legen. |
| 1 TL Honig | mit |
| 5 EL Wasser | verrühren und die Bagels damit bestreichen.<br>Nach Belieben bestreuen.<br>Auf mittlerer Schiene |
| etwa 30 Minuten | backen.<br>Auf dem Blech auskühlen lassen. |

Ein Bagel (1/6): Kcal: 143 | Fett: 2g | Kohlenhydrate: 20g | Ballaststoffe: 4g | Eiweiß: 9g | BE: 1,7

# Vollkorn-Nuss-Brötchen

| | |
|---|---|
| Auf 180° O-/U-Hitze | den Ofen vorheizen. |
| 280 g Magerquark | |
| 1 Ei | in einer Schüssel cremig rühren. |
| 100 g Dinkelvollkornmehl | |
| 80 g Hafermehl | |
| oder fein gemahlene Haferflocken | |
| 40 g Roggenvollkornmehl | |
| 1 gestr. TL Salz | |
| 1 Pkg Backpulver | dazugeben und zu einem leicht klebrigen Teig vermengen. |
| 50 g ganze Haselnüsse | unterkneten. |
| Etwas Mehl | auf die Arbeitsfläche streuen. Den Teig in 8 gleich große Stücke teilen und zu runden Brötchen formen. Auf einem mit Backpapier ausgelegten Backblech verteilen und in |
| 2 EL Haferflocken | wälzen. |
| | Auf mittlerer Schiene |
| etwa 35 Minuten | backen. |
| | Auf einem Rost auskühlen lassen. |

Ein Stück (1/8): Kcal: 181 | Fett: 6g | Kohlenhydrate: 20g | Ballaststoffe: 3g | Eiweiß: 10g | BE: 1,6

# Dinkeltoastbrot

| | |
|---|---|
| Auf 180° O-/U-Hitze | den Ofen vorheizen. |
| 2 Eier<br>250 g Magerquark<br>70 ml Wasser | in einer Schüssel cremig rühren. |
| 170 g Dinkelmehl Type 1050<br>100 g Dinkelvollkornmehl<br>1 gestr. TL Salz<br>1 Pkg Backpulver | der Reihe nach dazugeben und zu einem leicht klebrigen Teig vermengen. |
| Eine 20er Kastenform | vollständig mit Backpapier auskleiden und mit dem Teig befüllen. Den Teig NICHT fest andrücken!<br>Im unteren Drittel des Ofens |
| etwa 35 Minuten | backen. Nach 10 Minuten aus der Form nehmen und auf einem Rost vollständig auskühlen lassen. |

Eine Scheibe (1/12): Kcal: 106 | Fett: 2g | Kohlenhydrate: 16g | Ballaststoffe: 2g | Eiweiß: 7g | BE: 1,3

# Gesundbrot

| | |
|---|---|
| Auf 180° O-/U-Hitze | den Ofen vorheizen. |
| 2 Eier | |
| 250 g Magerquark | |
| 70 ml Wasser | in einer Schüssel cremig rühren. |
| 100 g Dinkelvollkornmehl | |
| 100 g fein gemahlene Haferkleie | |
| 40 g Dinkelkleie | |
| 40 g Leinsamen | |
| 20 g Flohsamenschalen | |
| 1 gestr. TL Salz | |
| 1 Pkg Backpulver | der Reihe nach dazugeben und zu einem leicht klebrigen Teig vermengen. |
| Eine 20er Kastenform | mit Backpapier auskleiden und mit dem Teig befüllen. Den Teig NICHT fest andrücken! Im unteren Drittel des Ofens |
| etwa 45 Minuten | backen. Auf einem Rost vollständig auskühlen lassen. |

TIPP: Das Brot kann auch ohne eine Kastenform mit etwas Mehl zu einem Laib geformt und gebacken werden.

Eine Scheibe (1/12): Kcal: 116 | Fett: 3g | Kohlenhydrate: 11g | Ballaststoffe: 5g | Eiweiß: 7g | BE: 1,0

# Kurkumabrot

| | |
|---|---|
| Auf 180° O-/U-Hitze | den Ofen vorheizen. |
| 1 Ei | |
| 300 g Magerquark | in einer Schüssel cremig rühren. |
| 200 g Dinkelmehl Type 1050 | |
| 80 g Hafermehl | |
| oder fein gemahlene Haferflocken | |
| 2 TL Kurkuma | |
| 1 gestr. TL Salz | |
| 1 Pkg Backpulver | der Reihe nach dazugeben und zu einem leicht klebrigen Teig vermengen. |
| Etwas Mehl | auf die Arbeitsfläche geben und den Teig auf etwa 25x35 cm ausrollen. Den Fladen mit |
| je 1 TL getrockneten Kräutern (Thymian, Basilikum, Chiliflocken) | |
| Salz | bestreuen. Von der schmalen Seite beginnend den Fladen langsam und ohne Druck einrollen und in eine mit Backpapier ausgekleidete |
| 25er Kastenform | geben. Im unteren Drittel des Ofens |
| etwa 45 Minuten | backen. |
| | Nach 10 Minuten aus der Form nehmen und auf einem Rost vollständig auskühlen lassen. |

Eine Scheibe (1/12): Kcal: 109 | Fett: 1g | Kohlenhydrate: 17g | Ballaststoffe: 1g | Eiweiß: 7g | BE: 1,4

# Schwarzbrot

| | |
|---|---|
| Auf 180° O-/U-Hitze | den Ofen vorheizen. |
| 200 g Magerquark<br>100 g fettarmen Joghurt<br>150 ml Wasser | in einer Schüssel cremig rühren. |
| 200 g Roggenschrot<br>ca. 15 Minuten | dazugeben, vermengen und<br>ruhen lassen. |
| 180 g Dinkelmehl Type 1050<br>1 gestr. TL Salz<br>1 Pkg Backpulver | hinzufügen und zu einem leicht klebrigen Teig vermengen. |
| Eine 20er Kastenform | mit Backpapier auskleiden und mit dem Teig befüllen. Nicht fest andrücken. |
| etwa 75 Minuten | Im unteren Drittel des Ofens<br>backen. |
| | Nach 10 Minuten mit dem Backpapier aus der Form nehmen und auf einem Rost vollständig auskühlen lassen. |

Eine Scheibe (1/12): Kcal: 117 | Fett: 1g | Kohlenhydrate: 22g | Ballaststoffe: 3g | Eiweiß: 6g | BE: 1,8

# Tomaten-Rosmarin-Brot

| | |
|---|---|
| Auf 180° O-/U-Hitze | den Ofen vorheizen. |
| 100 g getrocknete Tomaten ohne Öl | in dünne Streifen schneiden. |
| 3 Zweige Rosmarin | waschen, die Nadeln trennen und fein hacken. Beides beiseitestellen. In einer großen Schüssel |
| 300 g Magerquark | |
| 1 Ei | |
| 70 ml Wasser | cremig rühren. |
| 150 g Dinkelvollkornmehl | |
| 80 g fein gemahlene Haferkleie | |
| ½ TL Salz | |
| 1 Pkg Backpulver | dazugeben und zügig zu einem leicht klebrigen Teig vermengen. Eine |
| 20er Kastenform | mit Backpapier auskleiden und mit dem Teig befüllen. Den Teig NICHT fest andrücken! Im unteren Drittel des Ofens |
| etwa 45 Minuten | backen. |

Nach 10 Minuten mit dem Backpapier aus der Form nehmen und auf einem Rost vollständig auskühlen lassen.

Eine Scheibe (1/12): Kcal: 105 | Fett: 1g | Kohlenhydrate: 14g | Ballaststoffe: 3g | Eiweiß: 7g | BE: 1,1

# Weißbrot

| | |
|---|---|
| Auf 180° O-/U-Hitze | den Ofen vorheizen. |
| 1 Ei | |
| 250 g Magerquark | in einer Schüssel cremig rühren. |
| 180 g Dinkelmehl Type 1050 | |
| 80 g Hafermehl | |
| oder fein gemahlene Haferflocken | |
| 1 gestr. TL Salz | |
| 1 Pkg Backpulver | der Reihe nach dazugeben und zu einem leicht klebrigen Teig vermengen. |
| Etwas Mehl | auf die Arbeitsfläche geben und den Teig zu einem spitzen Laib formen. Auf ein mit Backpapier ausgelegtes Backblech legen und mit |
| etwas Wasser | bepinseln oder besprühen. Mit einem Messer seitlich längs einschneiden. Im unteren Drittel des Ofens |
| etwa 45 Minuten | backen. |
| | Auf einem Rost vollständig auskühlen lassen. |

Eine Scheibe (1/12): Kcal: 98 | Fett: 1g | Kohlenhydrate: 15g | Ballaststoffe: 1g | Eiweiß: 6g | BE: 1,3

# Kuchen & Kekse

# Apfel-Creme-Kuchen

| | |
|---|---|
| 2 Äpfel | schälen und in Spalten schneiden. |
| Auf 180° O-/U-Hitze | den Ofen vorheizen. |
| | In einer Schüssel |
| 2 Eier | |
| 200 g Magerquark | |
| 1 EL Pflanzenöl | cremig rühren. |
| 100 g Dinkelvollkornmehl | |
| 80 g fein gemahlene Haferkleie | |
| Süße für 100 g Zucker | |
| Vanille | |
| 1 Pkg Backpulver | hinzufügen und gut vermengen. |
| Eine 26er Springform | mit Backpapier auskleiden und den Boden mit dem Teig bedecken. Im unteren Drittel des Ofens |
| etwa 15 Minuten | vorbacken. Während des Backens |
| 500 g Magerquark | mit |
| 100 g Schmand | |
| 1 Ei | |
| Vanille | |
| Süße für 50 g Zucker | in einer Schüssel gut verquirlen. Den Boden aus dem Ofen holen und mit der Quarkmasse bestreichen. Die Apfelspalten darauf verteilen und im unteren Drittel des Ofens weitere |
| 55 Minuten | backen. |

Ein Stück (1/12): Kcal: 156 | Fett: 5g | Kohlenhydrate: 14g | Ballaststoffe: 2g | Eiweiß: 11g | BE: 1,2

# Blaubeer-Joghurt-Kuchen

| | |
|---|---|
| Auf 175° O-/U-Hitze | den Ofen vorheizen. |
| 3 Eier<br>200 g fettarmen Joghurt<br>Süße für 120 g Zucker | in einer Schüssel mit einem Handmixer schaumig rühren. |
| 100 g Dinkelvollkornmehl<br>80 g Vollkorn-Dinkelgrieß<br>Vanille<br>1 Pkg Backpulver | hinzufügen und auf höchster Stufe 2 Minuten rühren. |
| Eine 26er Springform | mit Backpapier auskleiden und mit dem Teig befüllen. |
| 200 g Blaubeeren | auf dem Teig verteilen und im unteren Drittel des Ofens |
| etwa 50 Minuten | backen. |
| | Nach etwa 10 Minuten mit dem Backpapier aus der Form nehmen und auf einem Rost auskühlen lassen. Vor dem Servieren mit |
| etwas Puderzucker<br>oder Streusüße | bestreuen. |

Ein Stück (1/12): Kcal: 88 | Fett: 2g | Kohlenhydrate: 13g | Ballaststoffe: 2g | Eiweiß: 5g | BE: 1,0

# Donuts

| | |
|---|---|
| Auf 180° O-/U-Hitze | den Ofen vorheizen. |
| 250 g ungesüßtes Apfelmus<br>3 Eier<br>Süße für 100 g Zucker | in eine Schüssel geben und mit einem Handrührgerät schaumig rühren. |
| 180 g Dinkelvollkornmehl<br>Vanille<br>1 Pkg Backpulver | hinzufügen und mit dem Rührgerät auf höchster Stufe gut vermengen. Den Teig auf |
| 2 Donut-Silikonförmchen | für insgesamt 12 Stück mit einem Durchmesser von 7 cm verteilen und im unteren Drittel des Ofens |
| etwa 35 Minuten | backen.<br>Die noch warmen Donuts mit |
| 10 g Halbfettmargarine oder -butter | bepinseln. Mit |
| Pudersüße für 20 g Zucker | bestreuen. |

Tipp: Mit Schoko- und Zuckerglasur sind sie dem Original natürlich näher.

Ein Stück (1/12): Kcal: 88 | Fett: 2g | Kohlenhydrate: 12g | Ballaststoffe: 2g | Eiweiß: 4g | BE: 1,0

# Glutenfreier Schokokuchen

| | |
|---|---|
| Auf 175° O-/U-Hitze | den Ofen vorheizen. |
| 70 g Hafermehl<br>oder fein gemahlene Haferflocken<br>50 g Maismehl<br>50 g Reismehl<br>40 g Backkakao<br>Vanille oder Zimt nach Belieben | In eine Schüssel |
| 1 Pkg Backpulver | geben und kurz vermengen. |
| 100 g geriebene Möhren<br>200 ml ungesüßte Mandelmilch | dazugeben und mit einem Schneebesen glatt und cremig rühren. |
| Eine 26er Springform | mit Backpapier auskleiden und mit dem Teig befüllen. Im unteren Drittel des Ofens |
| etwa 35 Minuten | backen. |
| | Nach 10 Minuten mit dem Backpapier aus der Form nehmen, leicht abkühlen lassen. Auch warm genießen. |

Ein Stück (1/12): Kcal: 68 | Fett: 1g | Kohlenhydrate: 12g | Ballaststoffe: 2g | Eiweiß: 2g | BE: 0,8

# Himbeercreme-Kuchen

| | |
|---|---|
| Auf 175° O-/U-Hitze | den Ofen vorheizen. |
| 3 Eier | vorsichtig trennen, sodass das Eiweiß absolut frei von Eigelb ist. Das Eigelb beiseitestellen und das Eiweiß mit Mixer oder Küchenmaschine sehr steif schlagen. Dabei löffelweise |
| Süße für 70 g Zucker | hinzufügen und die Eigelbe mit jeweils etwa 1 Minute Abstand nach und nach dazugeben. Das Gerät abschalten. |
| 100 g Dinkelmehl Type 1050<br>1 Pkg Vanillepuddingpulver<br>1 Pkg Backpulver | in ein Sieb geben und auf den Eischnee sieben. Mit einem Teigschaber vorsichtig unterheben, bis keine Klümpchen mehr vorhanden sind. Backpapier unter Wasser komplett nass machen, auswringen und damit eine |
| 26er Springform | auskleiden. Den Teig einfüllen und |
| etwa 20 Minuten | im unteren Drittel des Ofens backen. Den Boden in der Form auskühlen lassen. Währenddessen |
| 100 ml Schlagsahne | mit |
| Süße für 150 g Zucker | steif schlagen. |
| 750 g Magerquark<br>150 g frische Himbeeren<br>Abrieb einer halben Bio-Zitrone | zur Sahne geben und mit dem Handmixer glatt rühren. |
| 6 Blatt Gelatine oder Agar Agar | für kalte Speisen zubereiten und zur Creme geben. In den Boden mehrmals mit einer Gabel stechen und mit |
| 3 EL fettarmer Milch 1,5 % | beträufeln. |
| 2 EL zuckerarme Himbeermarmelade | auf den Boden streichen, die Creme darüber geben und glatt streichen. Den Kuchen |
| mindestens 2 Stunden | im Kühlschrank aufbewahren, bis er fest ist. Mit |
| Himbeeren und Minze | dekorieren. |

Ein Stück (1/12): Kcal: 142 | Fett: 5g | Kohlenhydrate: 13g | Ballaststoffe: 1g | Eiweiß: 11g | BE: 1,1

# Mandelkuchen

| | |
|---|---|
| Auf 175° O-/U-Hitze | den Ofen vorheizen. |
| 3 Eier<br>300 g ungesüßtes Apfelmus<br>Süße für 80 g Zucker | in einer Schüssel mit einem Handmixer schaumig rühren. |
| 150 g Dinkelvollkornmehl<br>50 g Hafermehl<br>oder fein gemahlene Haferflocken<br>50 g gemahlene Mandeln<br>4 Tropfen Bittermandelaroma<br>1 Pkg Backpulver | hinzufügen und auf höchster Stufe 2 Minuten rühren. |
| Eine 25er Kastenform | mit Backpapier auskleiden und mit dem Teig befüllen. Im unteren Drittel des Ofens |
| etwa 45 Minuten | backen. |
| | Nach 10 Minuten mit dem Backpapier aus der Form nehmen und auf einem Rost auskühlen lassen. Vor dem Servieren mit |
| etwas Puderzucker oder Streusüße | bestreuen. |

Ein Stück (1/15): Kcal: 96 | Fett: 4g | Kohlenhydrate: 11g | Ballaststoffe: 2g | Eiweiß: 4g | BE: 0,9

# Marmorkuchen

| | |
|---|---|
| Auf 175° O-/U-Hitze | den Ofen vorheizen. |
| 3 Eier | |
| 300 g ungesüßtes Apfelmus | |
| Süße für 100 g Zucker | in einer Schüssel mit einem Handmixer schaumig rühren. |
| 150 g Dinkelvollkornmehl | |
| 70 g Hafermehl | |
| oder fein gemahlene Haferflocken | |
| Vanillepuddingpulver | |
| 1 Pkg Backpulver | hinzufügen und auf höchster Stufe 2 Minuten rühren. |
| | Den Teig halbieren und zur einen Hälfte |
| 20 g Backkakao | und |
| 30 ml fettarme Milch 1,5 % | hinzufügen und gut verrühren. |
| Eine kleine Gugelhupfform | mit |
| etwas Butter | einfetten und mit dem Teig befüllen. |
| | Im unteren Drittel des Ofens |
| etwa 45 Minuten | backen. |
| | Nach 10 Minuten mit dem Backpapier aus der Form nehmen und auf einem Rost auskühlen lassen. Vor dem Servieren mit |
| etwas Puderzucker oder Streusüße | bestreuen. |

Ein Stück (1/15): Kcal: 93 | Fett: 2g | Kohlenhydrate: 14g | Ballaststoffe: 2g | Eiweiß: 4g | BE: 1,1

# Möhren-Walnuss-Kuchen

| | |
|---|---|
| Auf 175° O-/U-Hitze | den Ofen vorheizen. |
| 200 g Möhren | schälen und raspeln. |
| 30 g Walnüsse | klein hacken und zu den Möhren geben. Mit |
| Süße für 50 g Zucker | und |
| 1 EL Zimt | vermengen, beiseitestellen. |
| | In einer großen Schüssel |
| 2 Eier | |
| 300 g Magerquark | cremig rühren. |
| 180 g Dinkelmehl Type 1050 | |
| 50 g Hafermehl | |
| oder fein gemahlene Haferflocken | |
| Süße für 80 g Zucker | |
| 1 Pkg Backpulver | hinzufügen und zu einem klebrigen Teig vermengen. Die Möhren-Walnuss-Masse zum Teig geben und unterheben. |
| Eine 26er Springform | mit Backpapier auskleiden und mit dem Teig befüllen. |
| Optional mit einem Apfel belegen. | |
| | Im unteren Drittel des Ofens |
| etwa 45 Minuten | backen. |
| | Vor dem Servieren mit |
| etwas Puderzucker oder Streusüße | bestreuen. |

Ein Stück (1/12): Kcal: 129 | Fett: 3g | Kohlenhydrate: 17g | Ballaststoffe: 2g | Eiweiß: 7g | BE: 1,4

# Rosenkuchen

| | |
|---|---|
| Auf 175° O-/U-Hitze | den Ofen vorheizen. |
| | In einer großen Schüssel |
| 1 Ei | |
| 250 g Magerquark | cremig rühren. |
| 180 g Dinkelmehl Type 1050 | |
| 50 g Hafermehl | |
| oder fein gemahlene Haferflocken | |
| Süße für 80 g Zucker | |
| 1 Pkg Backpulver | hinzufügen und zu einem leicht klebrigen Teig kneten. |
| Etwas Mehl | auf die Arbeitsfläche geben und den Teig auf etwa 35x35 cm ausrollen. |
| 2 EL zuckerfreie Aprikosenmarmelade | auf den Fladen streichen, mit |
| 20 g gemahlenen Mandeln | bestreuen und in 8 gleich große Bahnen schneiden. Vorsichtig den Teig einrollen. |
| | Eine |
| 20er Springform | mit Backpapier auskleiden und von der Mitte beginnend die Kuchenschnecken mit der Schnittfläche nach oben in der Form verteilen. Dabei etwas Abstand zwischen den Schnecken lassen. Im unteren Drittel des Ofens |
| etwa 40 Minuten | backen. |
| | Vor dem Servieren mit |
| etwas Puderzucker oder Streusüße | bestreuen. |

Ein Stück (1/8): Kcal: 153 | Fett: 3g | Kohlenhydrate: 22g | Ballaststoffe: 2g | Eiweiß: 9g | BE: 1,8

# Schoko-Creme-Kuchen

| | |
|---|---|
| Auf 175° O-/U-Hitze | den Ofen vorheizen. |
| 2 Eier | in eine Schüssel geben und mit |
| 200 g Magerquark | |
| 100 ml fettarme Milch 1,5 % | |
| 40 g Halbfettmargarine | mit einem Handrührgerät cremig rühren. |
| 100 g Dinkelmehl Type 1050 | |
| 100 g Hafermehl | |
| Süße für 150 g Zucker | |
| 40 g Backkakao | |
| Vanille | |
| 1 Pkg Backpulver | hinzufügen, auf höchster Stufe 2 Minuten vermengen. |
| 100 g geraspelte Möhren | unterheben. Eine |
| 26er Springform | mit Backpapier auskleiden und mit dem Teig befüllen. Im unteren Drittel des Ofens |
| etwa 40 Minuten | backen. Aus der Form nehmen und auf einem Rost auskühlen lassen. Für die Creme: |
| 100 ml Schlagsahne | |
| Süße für 40 g Zucker | |
| Vanille | |
| 1 Pkg Sahnesteif | steif schlagen. |
| 150 g Magerquark | und |
| 3 EL Backkakao | hinzufügen, gut verrühren und auf den ausgekühlten Kuchen streichen. Im Kühlschrank aufbewahren. Mit |
| Backkakao oder Raspelschokolade | vor dem Servieren verzieren. |

Ein Stück (1/12): Kcal: 163 | Fett: 7g | Kohlenhydrate: 15g | Ballaststoffe: 3g | Eiweiß: 9g | BE: 1,1

# Streuseltaler

| | |
|---|---|
| Auf 175° O-/U-Hitze | den Ofen vorheizen. |
| 200 g Sauerkirschen aus dem Glas | abtropfen, beiseitestellen. |
| | In einer Schüssel |
| 200 g griechischen Joghurt 2% Fett | |
| 1 Ei | |
| 1 Pkg Vanillepuddingpulver | |
| Süße für 30 g Zucker | cremig rühren, beiseitestellen. |
| | In einer weiteren Schüssel |
| 40 g Halbfettmargarine oder -butter | |
| Süße für 50 g Zucker | |
| 1 TL Zimt | |
| 80 g fein gemahlene Haferkleie | gut verkneten und in den Kühlschrank stellen. |
| | Für den Boden |
| 1 Ei | und |
| 300 g Magerquark | cremig rühren. |
| 200 g Dinkelmehl Type 1050 | |
| Süße für 80 g Zucker | |
| 1 Pkg Backpulver | hinzufügen und zu einem leicht klebrigen Teig kneten. |
| Etwas Mehl | auf die Arbeitsfläche geben, darauf den Teig etwa einen halben Zentimeter dick ausrollen und mit einer |
| Ausstechform etwa Ø 10 cm | mehrere Kreise ausstechen. Auf die Kreise erst die Puddingcreme, dann die Kirschen verteilen. Den Streuselteig aus dem Kühlschrank holen und auf die Taler streuen. Auf mittlerer Schiene |
| etwa 35 Minuten | backen. Vor dem Servieren mit |
| etwas Puderzucker oder Streusüße | bestreuen. |

Ein Stück (1/10): Kcal: 189 | Fett: 4g | Kohlenhydrate: 26g | Ballaststoffe: 2g | Eiweiß: 10g | BE: 2,2

# Zitronenküchlein

| | |
|---|---|
| Auf 180° O-/U-Hitze | den Ofen vorheizen. |
| 3 Eier<br>100 ml Mandelmilch oder Kuhmilch<br>130 g Magerquark<br>Süße für 100 g Zucker | in einer Schüssel mit einem Handmixer cremig rühren. |
| 150 g Dinkelvollkornmehl<br>100 g Hafermehl<br>oder fein gemahlene Haferflocken<br>50 g fein gemahlene Haferkleie<br>Abrieb einer Bio-Zitrone<br>1 Pkg Backpulver | hinzufügen und auf höchster Stufe 2 Minuten rühren.<br>Den Teig auf |
| 10 Silikonförmchen | verteilen und im unteren Drittel des Ofens |
| etwa 35 Minuten | backen. Nach 10 Minuten aus den Förmchen holen und auf einem Rost auskühlen lassen.<br>In einer Schüssel |
| 4 Blatt Gelatine oder Agar Agar | in kaltes Wasser zum Einweichen tauchen.<br>In einem kleinen Topf |
| 80 g frische oder TK-Himbeeren<br>80 ml Wasser<br>Süße für 30 g Zucker | verrühren und erwärmen. Die eingeweichte Gelatine dazugeben und verrühren, bis sie sich aufgelöst hat. Den Topf vom Herd nehmen und die Himbeermasse mit einem Löffel in die Mulden der Küchlein füllen. Komplett auskühlen lassen. |

Ein Stück (1/10): Kcal: 149 | Fett: 3g | Kohlenhydrate: 20g | Ballaststoffe: 3g | Eiweiß: 8g | BE: 1,6

# Applebites

| | |
|---|---|
| Auf 180° O-/U-Hitze | den Ofen vorheizen. |
| 1 mittelgroßen Apfel | entkernen, mit Schale raspeln und in eine Schüssel geben. |
| 1 Ei<br>120 g kernige Haferflocken<br>50 g fein gemahlene Haferkleie<br>Süße für 80 g Zucker<br>30 g Halbfettmargarine oder -butter<br>2 TL Zimt | dazugeben und gut durchkneten. Etwa 20 Kügelchen daraus formen und auf einem mit Backpapier ausgelegten Backblech verteilen. Im unteren Drittel des Ofens |
| etwa 25-30 Minuten | backen. |
| | Auf einem Rost gut auskühlen lassen. |

Zwei Stücke (2/20): Kcal: 92 | Fett: 3g | Kohlenhydrate: 12g | Ballaststoffe: 2g | Eiweiß: 3g | BE: 0,9

# Zitronentaler

| | |
|---|---|
| | In eine Schüssel |
| 2 EL Schmand<br>50 g Halbfettmargarine oder -butter<br>Süße für 120 g Zucker<br>1 Ei<br>Saft einer Zitrone | geben und mit einem Handrührgerät auf höchster Stufe cremig schlagen. |
| 200 g Dinkelmehl Type 1050<br>Abrieb von 2 Bio-Zitronen<br>1 Prise Salz<br>1 Pkg Backpulver | hinzufügen und zu einer klebrigen Masse vermengen. Den Teig |
| 1 Stunde | luftdicht im Kühlschrank aufbewahren. |
| Auf 180° O-/U-Hitze | den Ofen vorheizen. Mit nassen Händen in etwa 24 kleine Kügelchen formen und auf einem mit Backpapier ausgelegten Backblech verteilen. Im unteren Drittel des Ofens |
| etwa 20 Minuten | backen. |

Drei Taler (3/24): Kcal: 129 | Fett: 5g | Kohlenhydrate: 17g | Ballaststoffe: 1g | Eiweiß: 4g | BE: 1 5

# Pizza & Co.

# Pizzaseelen

| | |
|---|---|
| Auf 220° O-/U-Hitze | den Ofen vorheizen. |
| 200 g Magerquark | |
| 80 g Dinkelmehl Type 1050 | |
| 10 g Flohsamenschalen | |
| ½ TL Salz | |
| 1 TL Backpulver | in eine Schüssel geben und zu einem klebrigen Teig vermengen. |
| 10 Minuten | ruhen lassen. Den Teig halbieren und auf ein mit Backpapier ausgelegtes Backblech geben. Mit nassen Händen oder einem Löffel zu jeweils etwa 0,5 cm dicken Seelen ziehen. |
| 3 EL Tomatenmark | |
| 3 EL Wasser | |
| 1 TL Oregano | |
| Salz und Pfeffer | in einer kleinen Schale vermengen und auf die Seelen streichen. |
| 1 Kugel Mozzarella light | in Scheiben schneiden und auf den Seelen verteilen. Mi |
| 100 g Kirschtomaten | in Scheiben geschnitten, |
| 1 kleinen Zwiebel | geschält, in Ringe geschnitten, |
| 50 g Champignons | in Scheiben geschnitten, belegen. |
| | Mit |
| Salz und Pfeffer | würzen. Im Ofen auf mittlerer Schiene |
| etwa 25 Minuten | backen. Mit |
| frischem Rucola | und |
| 20 g gehobeltem Parmesan | belegen. |

Ein Stück (1/2): Kcal: 399 | Fett: 9g | Kohlenhydrate: 41g | Ballaststoffe: 8g | Eiweiß: 33g | BE: 3,0

# Calzone

| | |
|---|---|
| 3 EL Tomatenmark | |
| 5 EL Wasser | |
| 1 TL Oregano | |
| Salz und Pfeffer | in einer Schüssel verrühren. |
| ½ Zucchini | waschen und würfeln. |
| 1 mittelgroße Zwiebel | schälen und würfeln. |
| ½ grüne Paprika | waschen, entkernen und ebenfalls würfeln. |
| 1 Kugel Mozzarella light | würfeln. Alles zusammen zu der Tomatensoße geben und vermengen. |
| Auf 220° O-/U-Hitze | den Ofen vorheizen. |
| 200 g Magerquark | |
| 120 g Dinkelmehl Type 1050 | |
| ½ TL Salz | |
| 1 TL Backpulver | in eine Schüssel geben und zu einem klebrigen Teig vermengen. |
| Etwas Mehl | auf die Arbeitsfläche geben und den Teig etwa einen halben Zentimeter dick ausrollen. Den Fladen auf ein mit Backpapier ausgelegtes Backblech legen. Die Füllung auf die Hälfte des Bodens (Halbkreis) geben, dabei etwas Rand lassen. Die andere Hälfte umklappen und den Rand mit den Fingern fest andrücken, dabei die Finger leicht verdrehen. Im unteren Drittel des Ofens |
| etwa 20 Minuten | backen. |

TIPP: Diese Calzone ist relativ groß. Man kann aus Teig und Füllung auch 2 Calzones backen.

Ein Stück (1/2): Kcal: 407 | Fett: 6g | Kohlenhydrate: 54g | Ballaststoffe: 5g | Eiweiß: 32g | BE: 4,5

# Orientalische Pizza

| | |
|---|---|
| Auf 200° O-/U-Hitze | den Ofen vorheizen. |
| 1 Glas Kichererbsen ca. 240 g | gut abtropfen und in eine Schüssel geben. |
| 1 Ei | |
| 200 g griechischen Joghurt 2% | |
| 120 g Dinkelvollkornmehl | |
| 1 gestr. TL Salz | |
| 1 Pkg Backpulver | dazugeben und gut vermengen. Den Teig auf ein mit Backpapier ausgelegtes Backblech geben und dünn verstreichen. Auf mittlerer Schiene |
| etwa 15 Minuten | vorbacken, herausholen. In einer Schale |
| 3 EL Tomatenmark | |
| 5 EL Wasser | |
| ½ TL Kreuzkümmel | |
| ½ TL Zimt | |
| Muskatnuss | |
| Salz und Pfeffer | verrühren und auf den vorgebackenen Boden streichen. Mit |
| 60 g frischem Spinat | |
| 1 kleinen Zwiebel | in Streifen geschnitten, |
| ½ gelben Paprika | in Streifen geschnitten, |
| 20 g Rosinen | belegen. Mit |
| 40 g Streukäse light | bestreuen und im unteren Drittel des Ofens |
| etwa 20 Minuten | backen. |

Eine Portion (1/4): Kcal: 295 | Fett: 7g | Kohlenhydrate: 39g | Ballaststoffe: 10g | Eiweiß: 16g | BE 3,3

# Waffelpizza

| | |
|---|---|
| 100 g Dinkelmehl Type 1050 | |
| ½ Pkg Backpulver | in einer Schüssel mischen. |
| 1 Ei | |
| 100 g Magerquark | |
| 1 TL Salz | |
| 50 ml Wasser | |
| 1 TL Oregano | dazugeben und mit einem Handrührgerät auf höchster Stufe mindestens 2 Minuten zu einem glatten Teig rühren. Ein Waffeleisen auf mittlere Hitze einstellen und nach und nach den Teig darin jeweils |
| etwa 1 Minute | backen (kann je nach Waffeleisen variieren). Ggf. das Waffeleisen gelegentlich einfetten. |
| Auf etwa 200° O-/U-Hitze | den Ofen vorheizen. |
| 3 EL Tomatenmark | |
| 5 EL Wasser | |
| 1 TL Oregano | |
| Salz und Pfeffer | in eine Schale geben und gut vermengen. Die Waffeln damit bestreichen. Zum Belegen |
| 60 g Mozzarella light | würfeln. |
| 1 gelbe Paprika | waschen, entkernen und in Streifen schneiden. |
| 10 Kirschtomaten | halbieren. Zusammen mit |
| 12 Oliven | die Waffeln belegen. Im oberen Drittel des Ofens etwa |
| 15 Minuten | backen. |

Ein Stück (1/4): Kcal: 201 | Fett: 5g | Kohlenhydrate: 25g | Ballaststoffe: 3g | Eiweiß: 13g | BE :1,3

# Ofen-Pommes

| | |
|---|---|
| Auf 200° Heißluft | den Ofen vorheizen. |
| 700 g festkochende Kartoffeln | schälen und in Stifte schneiden. In einem großen Topf |
| Wasser | mit |
| etwas Salz | bei geschlossenem Deckel zum Kochen bringen und die Kartoffelstifte hineingeben. |
| Etwa 3 Minuten | kochen, dann mit kaltem Wasser abschrecken. Gut absieben und trocken tupfen. Anschließend in eine Schüssel geben und mit |
| 1 EL Pflanzenöl | vermengen. Die Stifte auf einem mit Backpapier ausgelegten Backblech verteilen und auf mittlerer Schiene |
| etwa 40 Minuten | backen. Bei Bedarf zwischendurch wenden. |

TIPP: Noch besser klappt es mit der Heißluftfritteuse.

Eine Portion (1/4): Kcal: 124 | Fett: 3g | Kohlenhydrate: 21g | Ballaststoffe: 3g | Eiweiß: 3g | BE: 1,8

# Semmelknödel

| | |
|---|---|
| 6 alte Haferbrötchen | von Seite 42 würfeln und in eine Schüssel geben. |
| 1 mittelgroße Zwiebel | würfeln und mit |
| 1 EL Pflanzenöl | glasig anbraten, zu den Brötchen geben. Heiße, aber nicht gekochte |
| 150 ml fettarme Milch 1,5 % | ebenfalls zu den Brötchen geben und |
| 10 Minuten | aufquellen lassen. |
| 2 Eier | |
| 3 EL gehackte Petersilie | |
| 10 g Flohsamenschalen | |
| Salz und Pfeffer | hinzufügen. Mit der Hand den Teig gut vermengen. |
| 10 Minuten | ruhen lassen. |
| | Mit beiden Händen etwa 8 gleich große Knödel formen. In einem großen Topf |
| 4 l Wasser | mit |
| 1 TL Salz | aufkochen und die Temperatur bis zum Sieden runterdrehen. Die Knödel ins Wasser geben und |
| etwa 20 Minuten | kochen. Mit einer Schöpfkelle herausfischen. |

Als Beilage zu verschiedenen Gerichten servieren.

Ein Stück (1/8): Kcal: 132 | Fett: 4g | Kohlenhydrate: 13g | Ballaststoffe: 4g | Eiweiß: 8g | BE: 1,

# Bratrüben

| | |
|---|---|
| 400 g geschälte Steckrüben | zunächst länglich achteln und dann in dünne Scheiben schneiden. |
| 1,5 l Gemüsebrühe | in einem Topf zum Kochen bringen und die Steckrübenscheiben etwa |
| 15 Minuten | weichkochen. Anschließend absieben. |
| 1 große Zwiebel | schälen und in dünne Streifen schneiden. In einer großen Pfanne mit |
| EL Pflanzenöl | glasig anbraten. |
| 50 g Magerspeck | hinzufügen und nochmals kurz anbraten. Die Steckrüben dazugeben und bei mittlerer Hitze |
| etwa 20 Minuten | braten. Die Pfanne hin und wieder schwenken. Mit |
| Salz, Pfeffer und Muskatnuss | würzen. |

Eine Portion (1/3): Kcal: 94 | Fett: 4g | Kohlenhydrate: 7g | Ballaststoffe: 4g | Eiweiß: 5g | BE: 0,7

# Kartoffel-Kohlrabi-Stampf

| | |
|---|---|
| 1 mittelgroße Kohlrabi | und |
| 400 g mehligkochende Kartoffeln | schälen und würfeln. In einen großen Topf geben, mit |
| Wasser | bedecken und mit |
| 1 TL Salz | zum Kochen bringen. Bei mittlerer Hitze |
| etwa 20 Minuten | weichkochen. Das Wasser absieben. |
| 150 ml fettarme Milch 1,5 % | |
| 1 TL Butter | zu Kartoffeln und Kohlrabi geben und mit |
| etwas Muskatnuss | |
| Salz und Pfeffer | würzen. Mit einem Kartoffelstampfer zerquetschen. |
| | Noch warm servieren. |

Eine Portion (1/3): Kcal: 139 | Fett: 2g | Kohlenhydrate: 22g | Ballaststoffe: 6g | Eiweiß: 7g | BE: 1,7

# Maultaschen

| | |
|---|---|
| 1 mittelgroße Zwiebel | klein würfeln und mit |
| 150 g Rindertatar | und |
| 50 g Magerspeck | in |
| 1 TL Pflanzenöl | anbraten, bis die Zwiebelwürfel glasig werden. |
| 200 g aufgetauten TK-Spinat gehackt | dazugeben und anbraten. Vom Herd nehmen und |
| 100 g fettarmen Frischkäse | |
| 1 EL Flohsamenschalen | dazugeben. Mit |
| Salz, Pfeffer, Muskat | würzen. Alles gut vermengen, die Füllung beiseitestellen. |
| | In einer Schüssel |
| 250 g Magerquark | |
| 200 g Dinkelmehl Type 1050 | |
| ½ TL Salz | zu einem festen Teig kneten. |
| Etwas Mehl | auf die Arbeitsfläche geben, den Teig in 2 gleich große Hälften teilen und jeweils zu Kugeln formen. Jede Kugel mit einem Nudelholz etwa 2-3 mm dick ausrollen. Auf dem ersten Fladen die Füllung rasterartig (ca. 12 Häufchen) mit Abstand von etwa 3 cm zu allen Seiten gleichmäßig verteilen. Die freien Teigstellen mit Wasser bepinseln. Den zweiten Fladen darüberlegen und fest andrücken. Mit einem Pizzaschneider die Rechtecke mit mittiger Füllung ausschneiden, die Ränder nochmals fest andrücken. |
| 2 l Wasser | in einem Topf mit |
| 1 TL Salz | aufkochen und die Maultaschen nach und nach je |
| 6-7 Minuten | kochen. Herausnehmen und mit |
| Gemüse- oder Fleischbrühe | servieren. |

Eine Tasche (1/12): Kcal: 104 | Fett: 2g | Kohlenhydrate: 13g | Ballaststoffe: 2g | Eiweiß: 10g | BE: 1,1

# Quarkspätzle

| | |
|---|---|
| 250 g Magerquark | |
| 200 g Dinkelmehl Type 1050 | |
| 2 Eier | |
| 50 ml Wasser | |
| etwas Muskatnuss | |
| etwas Salz | in eine Schüssel geben, mit einem Schneebesen glatt rühren. |
| 3 l Wasser | in einem großen Topf mit |
| 1 TL Salz | aufkochen und die Temperatur bis zum Sieden runterdrehen. Mit einem Spätzlehobel oder einer Kartoffelpresse den Teig portionsweise in das siedende Wasser geben. Eventuell kurz mit einem Kochlöffel vorsichtig rühren, damit die Spätzle nicht verkleben. Sobald sie auf der Oberfläche schwimmen, mit einer Schöpfkelle herausfischen und in einem großen Sieb abtropfen lassen. |
| | Für Käsespätzle: |
| 1 mittelgroße Zwiebel | würfeln und mit |
| 1 TL Pflanzenöl | anbraten. |
| 70 ml Kochsahne 7 % Fett | hinzufügen und aufkochen. |
| 50 g Streukäse light | dazugeben, verrühren und mit |
| Salz und Pfeffer | würzen. Die Spätzle hinzufügen und gut vermengen. Noch warm servieren. |

Eine Portion (1/4): Kcal: 256 | Fett: 5g | Kohlenhydrate: 36g | Ballaststoffe: 3g | Eiweiß: 17g | BE 3,0

# Schneller Fetakuchen

| | |
|---|---|
| 1 Ei | |
| 50 g fettarmen Joghurt | in einer Schale verrühren. |
| 50 g Dinkelvollkornmehl | |
| 1 TL Backpulver | |
| ½ TL Salz | |
| 1 EL gehackte Petersilie | dazugeben, mit einem Schneebesen gut verrühren. |
| 40 g fettarmen Feta | hineinbröseln und verrühren. |
| Eine 20er Pfanne | mit |
| etwas Mehl | bestreuen und auf ¾ der Maximaltemperatur auf dem Herd erwärmen. Den Teig in die Pfanne geben. Nach |
| etwa 1 Minute | die Temperatur auf ⅓ der Maximaltemperatur reduzieren und mit einem Deckel verschließen. Wenn die Oberfläche des Kuchens gestockt ist, den Kuchen vorsichtig wenden. Ohne Deckel |
| etwa 5 Minuten | weiterbacken. |
| | Warm oder kalt genießen. |

Ein Stück (1/1): Kcal: 344 | Fett: 11g | Kohlenhydrate: 36g | Ballaststoffe: 6g | Eiweiß: 27g | BE: 3,0

# Knusperstangen

| | |
|---|---|
| Auf 180° O-/U-Hitze | den Ofen vorheizen. |
| 250 g Magerquark | |
| 200 g Dinkelmehl Type 1050 | |
| 1 gestr. TL Salz | |
| 1 EL Pflanzenöl | |
| 1 Pkg Backpulver | der Reihe nach in eine Schüssel geben und zu einem geschmeidigen Teig vermengen. |
| Etwas Mehl | auf die Arbeitsfläche geben und den Teig mit einem Nudelholz auf etwa 20x40 cm ausrollen. Die Hälfte des Fladens (quer) mit |
| 1 EL Olivenöl | bepinseln und den Teig zusammenklappen, sodass er etwa 20x20 cm groß wird. Den Teig mit dem Nudelholz wieder zu etwa 35x25 cm ausrollen und dieses Mal den gesamten Fladen mit |
| 1 EL Olivenöl | bepinseln. |
| 30 g geriebenen Parmesan | |
| 1 TL getrockneten Basilikum | |
| nach Belieben Chiliflocken | auf den Fladen streuen und ihn erneut zusammenklappen. Mit den Händen mit |
| etwas Wasser | befeuchten und |
| 20 g Sesam | auf den Fladen streuen. In etwa 12 gleich große Bahnen schneiden und sie jeweils wie eine Schraube drehen. Auf ein mit Backpapier ausgelegtes Backblech legen und auf mittlerer Schiene |
| etwa 25 Minuten | backen. Warm oder kalt genießen. |

Ein Stück (1/12): Kcal: 117 | Fett: 5g | Kohlenhydrate: 13g | Ballaststoffe: 1g | Eiweiß: 6g | BE: 1,1

# Dinkel-Toasties

| | |
|---|---|
| Auf 220° O-/U-Hitze | den Ofen vorheizen. |
| | In einer großen Schüssel |
| 1 Ei | und |
| 150 g Magerquark | cremig rühren. |
| 100 g Dinkelmehl Type 1050 | |
| 10 g Dinkelkleie | |
| ½ Pkg Backpulver | hinzufügen und zu einem leicht klebrigen Teig vermengen. |
| | Mit nassen Händen 6 gleich große Fladen formen. |
| | Auf mittlerer Schiene |
| etwa 15 Minuten | backen. Auf einem Rost auskühlen lassen. Nach Belieben belegen. |
| | TIPP: Die Toasties eignen sich hervorragend für einen warmen Sandwich vom Kontaktgrill. Dazu den ausgekühlten Toastie aufschneiden, auf den Toastieboden legen, mit |
| 4 Basilikumblätter | |
| 1 Scheibe Mozzarella light | |
| 1 großen Scheibe Tomate | schichten und mit |
| 1 Spritzer Balsamico | |
| Salz und Pfeffer | würzen. Auf dem heißen Grill toasten, bis das Brot goldbraun wird. Heiß genießen. |

Ein Stück (1/6): Kcal: 94 | Fett: 2g | Kohlenhydrate: 13g | Ballaststoffe: 2g | Eiweiß: 7g | BE: 1,0

# Knoblauchknöpfe

| | |
|---|---|
| Auf 175° O-/U-Hitze | den Ofen vorheizen. |
| 300 g Magerquark<br>200 g Dinkelmehl Type 630<br>1 gehäuften TL Backpulver<br>½ TL Salz | der Reihe nach in eine Schüssel geben und zu einem geschmeidigen Teig kneten. |
| Etwas Mehl | auf die Arbeitsfläche geben und den Teig mit einem Nudelholz zu einem etwa 0,5 cm dünnen Rechteck rollen. In eine Schale |
| 3 EL fettarmen Frischkäse | geben. |
| 1 Knoblauchzehe | pressen und dem Frischkäse hinzufügen. Mit |
| Salz und Pfeffer | würzen und auf den Fladen streichen. |
| 30 g Parmesan | gleichmäßig auf dem Teigfladen verteilen. Den Teig von einer der breiten Seiten beginnend einrollen. Die Rolle in etwa 20 ca. 1 cm dicke Scheiben schneiden. Die geschnittenen Schnecken auf einem mit Backpapier ausgelegten Backblech verteilen. Auf mittlerer Schiene |
| etwa 35 Minuten | backen. |

Tipp: Schmeckt auch super mit Möhrenzaziki oder der Mediterranen Fetacreme aus dem Buch „Wölkchenleichtes Grill- und Partybuffet“.

Ein Stück (1/20): Kcal: 53 | Fett: 1g | Kohlenhydrate: 8g | Ballaststoffe: 0g | Eiweiß: 4g | BE: 0,7

# Hähnchendöner

| | |
|---|---|
| Sandwichbrot | von Seite 50 zubereiten. |
| | In eine Schüssel |
| 100 g griechischen Joghurt 2% | |
| 1 Knoblauchzehe | |
| etwas Dill | |
| etwas Salz | geben, verrühren und abgedeckt zum Ziehen im Kühlschrank aufbewahren. |
| Einen kleinen Kopf Römersalat | waschen und in Streifen schneiden. |
| 1 mittelgroße Zwiebel | schälen und in Ringe schneiden. |
| 1 mittelgroße Tomate | waschen, entkernen und würfeln. |
| 1/3 Salatgurke | waschen und würfeln. |
| | Alles zusammen beiseitestellen. |
| 300 g Hähnchenbrust | in sehr feine Stückchen schneiden (viel feiner als Geschnetzeltes, aber gröber als Hackfleisch). |
| 1 EL Pflanzenöl | in einer Pfanne erhitzen, das Fleisch hinzufügen. Mit |
| 1 EL Paprikapulver | |
| 1 TL Kreuzkümmel | |
| 1 TL Thymian | |
| 1 TL Knoblauchgranulat | |
| Salz und Pfeffer | würzen. Unter ständigem Rühren anbraten, bis keine Flüssigkeit mehr in der Pfanne ist. |

Das Sandwichbrot länglich zum Belegen anschneiden (NICHT durchschneiden!) und mit dem Salat, Joghurt und Fleisch belegen.

Ein Stück (1/2): Kcal: 582 | Fett: 18g | Kohlenhydrate: 41g | Ballaststoffe: 9g | Eiweiß: 58g | BE: 3,0

# Tofu-Mayonnaise

| | |
|---|---|
| 300 g Seidentofu | gut abtropfen lassen und in ein hohes Gefäß geben. |
| 2 EL Weinessig | |
| 1 TL Senf | |
| Süße für 10 g Zucker | hinzufügen und mit einem Pürierstab gut 2 Minuten fein pürieren. Mit |
| Salz und Pfeffer | abschmecken. Luftdicht im Kühlschrank aufbewahren. |

# Curry-Ketchup

| | |
|---|---|
| 50 g Tomatenmark | |
| 1 EL Paprika edelsüß | für etwas Schärfe: rosenscharf |
| 1 EL Currypulver | |
| 100 ml Wasser | |
| Süße für 20 g Zucker | |
| 1 EL Essig | |
| 1 Prise Salz | in einem kleinen Topf mit einem Schneebesen verrühren und unter Rühren 1 Minute aufkochen. Vom Herd nehmen. Luftdicht im Kühlschrank aufbewahren. |

Mayonnaise: 1 Port. (1/4): Kcal: 35 | Fett: 2g | Kohlenhydrate: 1g | Ballaststoffe: 1g | Eiweiß: 4g | BE: 0,0
Ketchup: 1 Port. (1/4): Kcal: 31 | Fett: 1g | Kohlenhydrate: 5g | Ballaststoffe: 1g | Eiweiß: 1g | BE: 0,3

# Knabbereien & Naschen

# Kartoffelchips

| | |
|---|---|
| Auf 180° Heißluft | den Backofen vorheizen. |
| 300 g festkochende Kartoffeln | und |
| 200 g Möhren | schälen und hauchdünn hobeln. In eine Schüssel geben und mit |
| 1 TL Pflanzenöl | |
| 1 TL Paprika edelsüß | |
| 1 TL Salz | würzen und gut vermengen. Eventuell angesammelte Flüssigkeit sieben. Die Kartoffelscheiben auf zwei mit Backpapier ausgelegten Backblechen verteilen. Dabei darauf achten, dass sie nicht übereinander liegen. Die Bleche auf der ersten und der dritten Schiene etwa |
| 25 Minuten | backen. Währenddessen mehrmals schauen, ob schon einige Scheiben Chips kross sind, diese herausholen. |

TIPP: Beim Würzen sind keine Grenzen gesetzt. Wie wäre es mal mit geräuchertem Paprikapulver, Curry, Rosmarin oder Zwiebelgranulat?

Eine Portion (1/2): Kcal: 139 | Fett: 3g | Kohlenhydrate: 29g | Ballaststoffe: 6g | Eiweiß: 4g | BE: 1,5

# Pfeffersticks

| | |
|---|---|
| Auf 175° O-/U-Hitze | den Ofen vorheizen. In eine Schüssel |
| 100 g Magerquark<br>1 Ei<br>10 g Halbfettmargarine<br>80 g Dinkelmehl Type 1050<br>50 g Haferkleie<br>1 TL Backpulver<br>1 TL Pfeffer<br>1 TL Paprika rosenscharf<br>½ TL Salz | der Reihe nach hinzufügen und zu einem klebrigen Teig kneten. |
| Etwas Mehl | auf die Arbeitsfläche geben und den Teig etwa 20x20 cm dick ausrollen. Mit einem Messer den Teig erst längs in 3 gleich große Bahnen und dann quer in etwa 1 cm dicke Bahnen schneiden, sodass etwa 60 kleine längliche Rechtecke/Sticks entstehen. Die Sticks auf ein mit Backpapier ausgelegtes Backblech legen und mit |
| etwas Wasser | bepinseln. Mit |
| Salz und Pfeffer | bestreuen. Auf mittlerer Schiene |
| etwa 30 Minuten | backen. Auf einem Rost abkühlen lassen. |

Eine Portion (1/3): Kcal: 222 | Fett: 5g | Kohlenhydrate: 29g | Ballaststoffe: 4g | Eiweiß: 12g | BE: 2,3

# Schokoflocken

| | |
|---|---|
| 60 g Zartbitterkuvertüre | klein hacken und in eine Metall- oder Silikonschale für das Wasserbad geben. |
| | Einen kleinen Topf zu einem Viertel mit Wasser füllen. Kurz aufkochen und vom Herd nehmen. Die Schale mit der Kuvertüre in den Topf stellen und unter Rühren cremig und klumpenfrei schmelzen. Die Schale herausnehmen. |
| 2 Scheiben Knäckebrot | hineinbröseln und |
| 20 g gepufften Amaranth | hinzufügen. Die Masse gut vermengen. Mit Hilfe von 2 Löffeln mehrere kleine Häufchen formen und auf Backpapier legen. Gut auskühlen lassen und genießen. |

TIPP: Auch wenn es anfangs nicht so scheinen mag, werden die Schokoflocken nach dem Erkalten ganz fest.

Eine Portion (1/4): Kcal: 120 | Fett: 6g | Kohlenhydrate: 13g | Ballaststoffe: 3g | Eiweiß: 2g | BE: 1,0

# Schokocreme

1 Glas Kichererbsen ca. 240 g — im Sieb gut abtropfen lassen und in ein hohes Gefäß geben.

100 ml Mandelmilch oder Kuhmilch
Süße für 60 g Zucker
20 g Backkakao
1 TL Zimt
Vanillearoma — hinzufügen und mit einem Pürierstab mindestens 5 Minuten fein pürieren.

In einem luftdichten Gefäß im Kühlschrank aufbewahren.

TIPPS:
Als Aufstrich, Nachtisch oder Kuchenfrosting verwenden. Mit verschiedenen Aromen kann man die Creme individuell verfeinern. Kakaonibs machen die Creme z. B. crunchy.

Eine Portion (1/6): Kcal: 61 | Fett: 2g | Kohlenhydrate: 7g | Ballaststoffe: 4g | Eiweiß: 3g | BE: 0,5

# Meine Notizen

# Register

# Register

Güldane – Dana – Altekrüger, mit türkischen Wurzeln geboren 1975 in Hamburg, aufgewachsen in den Stadtteilen St. Pauli und Altona. Die verheiratete Veranstaltungskauffrau mit zwei Kindern beschloss 2018, ihre Backrezepte in den sozialen Medien unter dem Namen „Die Wölkchenbäckerei" zu posten. Auf Wunsch ihrer Follower machte sie im selben Jahr daraus das Buch „Abnehmen mit Brot & Kuchen". Die Erstauflage von 1000 Stück war nach drei Tagen verkauft und ihr Leben und das ihrer Familie fortan auf den Kopf gestellt.

**Weitere Rezeptbücher der Wölkchenbäckerei:**

Abnehmen mit Brot & Kuchen Teil 1 - 3
je 16,95 €

Wölkchenleichtes Grill- und Partybuffet
12,95 €

**Das Buch zur Erfolgsgeschichte:**

Bestseller aus Versehen – Vom Kiezkind zur Erfolgsautorin
14,95 €

**Alle Bücher sind im Handel erhältlich!**

**Die Bio-Backmischungen der Wölkchenbäckerei:**

NUTRI-SCORE A B C D E

in ausgewählten Märkten und auf www.woelkchenbaeckerei.de